논·술·세·계·대·표·문·학

4

대지

펄 벅 | 유혜영 엮음

훈민출판사

중국의 만리장성

The Best World Literature

중국 해군사관 생도들과 함께 한 펄 벅

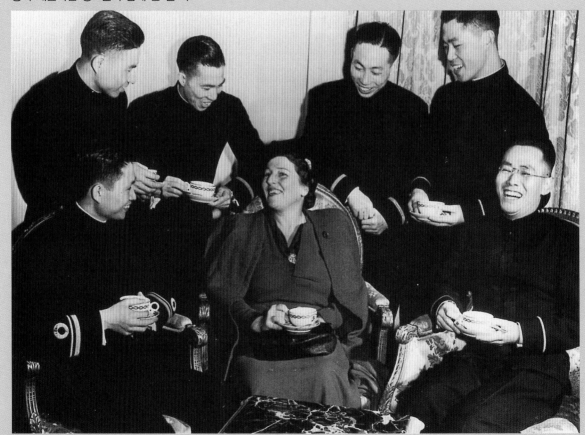

노벨 문학상을 수상하는 펄 벅

영화로 만들어진 〈대지〉의 한 장면

펄 벅의 생가

중국의 자금성

현대화된 중국 – 상하이의 야경
과 동방 명주탑

The Best World Literature

1919년 베이징에서 발발한 5·4운동

구인환(丘仁煥)

서울대학교 사범대학 졸업. 동 대학원 졸업(문학박사)
서울대학교 명예교수, 소설가(현). 서울대학교 사범대학 국어교육연구소 소장(현)
문학과문학교육연구소 소장(현). 국제펜 한국본부 부회장(현)
한국소설문학상(1987). 예술문화대상(1994). 한국문학상(2000)
작품 〈숨쉬는 영정〉, 〈살아 있는 날들〉, 〈일어서는 산〉 외 다수

- **저서** 《한국단편소설의 이해》, 《한국현대소설의 비평적 성찰》,
  《고교생이 알아야 할 소설》, 《고교생이 알아야 할 세계단편소설》 외 다수

윤병로(尹柄魯)

성균관대학교 국어국문학과 졸업. 동 대학원 졸업(문학박사)
성균관대학교 교수, 문학평론가(현). 한국현대소설학회장(현)
한국문예학술저작권협회 이사(현). 한국간행물윤리위원회 위원(현)
한국펜 문학상(1987). 한국문학상(1988). 대한민국문학상(1989)
수필집 《나의 작은 애인들》 외 다수

- **저서** 《현대 작가론》, 《한국 현대 소설의 탐구》,
  《한국 근대 작가 작품 연구》, 《한국 현대 작가의 문제작 평설》 외 다수

홍성암(洪性岩)

고려대학교 국어국문학과 졸업. 한양대학교 대학원 국어국문학과 졸업(문학박사)
동덕여자대학교 교수, 소설가(현). 한국문인협회 회원(현)
한국소설가협회 이사(현). 국제펜 한국본부 소설분과 이사(현). 한민족 문화학회 회장(현)
창작집 《큰 물로 가는 큰 고기》, 《어떤 귀향》 외
대하역사소설 《남한산성》 (전9권) 외 다수

- **저서** 《문학의 이해》, 《현대 작가론》, 《한국 근대 역사소설 연구》 외 다수

기획 · 감수

중국 토가족 여인들

논술 *세계대표문학*을 펴내며

　21세기의 사회는 '**전자 문명 시대**'라 일컬어질 만큼 오늘날 전자 산업은 우리 생활의 거의 모든 분야에 다양하게 응용되고 있습니다. 출판 분야 또한 예외는 아니어서, 종래의 서책(Book) 대신에 이른바 '전자책(CD-ROM)'의 출간이 최근 들어 날로 증가하고 있습니다.

　그러나 이러한 전자책은 영상 또는 모니터상으로 흥미 위주나 백과사전식 지식을 습득하는 데는 효과적일지 모르지만, 문학 공부를 위해서는 별로 도움이 되지 않습니다. 바꾸어 말하면, 문학 공부는 각 지면마다 살아 숨쉬는 표현 하나하나를 독자 자신의 머리로 음미하면서 작품을 읽어 나가는 가운데, 풍부한 상상력의 배양과 함께 작가의 의도와 그 작품의 내면을 깊이 있게 이해함으로써 이루어지는 것입니다.

　이에 훈민출판사에서는, 자라나는 학생들이 범람하는 영상 매체에 길들여지기 전에, 어려서부터 유명한 세계문학 작품들을 책자를 통하여 감명 깊게 읽고 감상함으로써, 올바른 문학 공부의 기틀을 다지고, 아울러 전인 교육도 할 수 있도록 《논술 세계대표문학(전60권)》을 펴내게 되었습니다.

　작품 선정은, 초·중·고등학교 국어 교과서와 역사 교과서에 실리거나 소개된 문학 작품을 중심으로 하되, 그리스 신화와 성경 이야기 등의 고전에서부터 중세·근대·현대에 이르기까지 세르반테스·셰익스피어·톨스토이 등 세계 유명 작가들의 장·단편 소설들을 엄선·수록하였습니다. 또 세계의 명시도 별권으로 엮었으며, 특히 각 단락마다 '**논술 문제**'를 제시하여, 장차 대학입시를 비롯한 각종 '논술 고사'에 예비 지식을 쌓을 수 있도록 배려하였습니다. 아무쪼록, 이 《논술 세계대표문학(전60권)》이 자라나는 학생들에게 문학 공부의 주춧돌이 되고, 나아가 미래를 살아가는 데 **정신적 자양분**이 되기를 진심으로 바라 마지않습니다.

훈민출판사

차례

대 지

펄 벅

지은이

1892~1973년. 미국 웨스트버지니아 주의 힐즈버러에서 출생. 선교사인 부모를 따라 중국으로 건너가 어린 시절을 보냈다. 대학은 미국에서 다녔으나 중국으로 다시 건너가 대학 교수가 되었다. 1923년에 미국 잡지에 처음으로 중국 생활에 대해 쓴 논설과 단편이 실렸다.

펄 벅은 1931년 소설 〈대지〉를 발표하여 다음 해 퓰리처 상을 받았다. 이 작품은 《〈대지의 집〉》이라 불리는 연작 장편 가운데 첫 작품이다. 나머지 두 작품은 〈아들들〉과 〈분열된 집안〉이다. 그 외에 〈동풍, 서풍〉, 〈용의 자손〉 등의 작품이 있다.

펄 벅은 작품을 통하여 서양인의 동양인에 대한 이해의 폭이 넓어지는 데에 큰 기여를 하였고, 1938년에는 노벨 문학상을 수상하였다.

대 지

장가가는 왕룽

이른봄이 되었다.

오늘은 왕룽이 장가를 가는 날이다.

아침 일찍 늙고 병든 아버지의 콜록거리는 기침 소리를 들으며 일어난 왕룽은, 푸른색 무명 바지를 주워 입고 윗도리를 벗은 채 사랑채와 안채 사이의 헛간으로 갔다.

왕룽의 할아버지가 젊었을 때 만든 이 헛간은 지금 부엌으로 사용되고 있다. 부뚜막은 까맣게 그을러 있고, 아궁이 위에는 커다란 가마솥이 걸려 있었다.

왕룽은 가마솥 옆 항아리의 물을 떠서 가마솥에 붓고 불을 때기 시작하였다.

"물을 데워서 목욕을 해야지!"

왕룽은 이렇게 중얼거렸다.

어머니 품에서 놀던 어린아이 시절 이후, 아무도 왕룽의 알몸을 본 사람은 없었다.

그러나 오늘은 누군가가 그의 알몸뚱이를 보게 될 것이다. 그래서 그는 몸을 깨끗이 씻어야 하였다.

6년 전, 어머니가 세상을 떠난 이후부터 지금까지 왕룽은 날마다 아침이면 일찍 일어나 아궁이에 불을 지펴 왔다.

"이 일을 하는 것도 오늘로 마지막이다!"

왕룽은 날마다 물을 따뜻하게 끓여서 아버지께 갖다 드렸다. 아버지는 오랫동안 기침으로 고생하고 계셨다.

그런데 오늘 왕룽이 장가를 들고 나면 여자가 이 집으로 들어오게 되므로, 이제는 왕룽이나 아버지가 부엌일을 하지 않아도 될 것이다.

어머니가 돌아가신 뒤부터 왕룽은 아버지와 함께 사랑채에서 지냈으므로, 안채는 텅 비어 있었다. 안채의 비어 있는 방 세 개를 친척들이 달라고 하여 이를 거절하느라고 늘 어려움을 겪어 왔었다.

그러나 이제 그럴 필요가 없었다.

더군다나 삼촌은 가끔 울상을 하며, 자식들이 많으니 안채를 쓰게 해 달라고 억지를 부리고는 하였다.

"남자 둘뿐인데, 외롭지 않으세요? 그러니 안채에 우리가 들어가 살면 외롭지 않잖아요!"

그럴 때마다 아버지는 이렇게 이야기하며 삼촌을 꾸짖었다.

"언젠가 태어날 내 손자 놈을 위해 안채를 비워 두고 있으니, 그런 소리 다시는 하지 말아라."

이제 머지않아 그 손자들이 태어날 것이다.

'침대를 벽 쪽에도 놓고 방 한군데에도 놓아야지……'

왕룽은 이런 생각을 하며 불을 지폈다.

"룽아! 내 가슴을 따뜻하게 해 줄 물이 아직도 안 끓었느냐?"

"아버지, 나무가 좀 젖었어요. 그래서 불기운이 좀 약해요. 곧 끓을 거예요."

왕룽은 이렇게 얼버무리며 대답하였다.

목욕할 물을 데우는 중이라 물의 양이 너무 많아서 아직 끓지 않고 있었던 것이다. 아버지는 끊임없이 기침을 계속했다. 그 기침은 물이 끓을 때까지 그치지 않았다.

왕룽은 끓는 물을 찻잔에 담은 뒤, 찻잎을 띄워 아버지에게 드렸다.

"얘야, 왜 그리 헤프냐! 차를 마신다는 건 돈을 마시는 것이나 마찬가지란다."

"오늘은 제 결혼식 날이잖아요. 걱정 마시고 어서 드세요."

아버지는 뼈만 앙상하게 남은 손가락으로 찻잔을 들었다. 그러더니 꿀꺽꿀꺽 단숨에 마셔 버렸다.

왕룽은 가마솥의 끓는 물을 움푹 파인 나무통으로 옮겨 담았다.

"얘야, 밭 하나를 온통 적실 물이로구나! 어쩌겠다는 것이냐?"

아버지는 큰 소리로 꾸짖었다.

"설 쇠고는 한 번도 몸을 씻지 못했어요."

왕룽은 나직한 목소리로 대답을 하고 몸을 씻기 시작하였다.

"이 녀석아! 여자를 그렇게 다루면 망한다. 아침부터 차를 마시고 목욕을 하다니……."

"오늘은 특별한 날이에요. 그리고 목욕을 하고 나서 물을 밭에다 버리겠어요. 그러면 조금도 낭비가 아니에요."

왕룽의 이 말에 비로소 아버지는 잠잠해졌다.

목욕을 마친 왕룽은 푸른색 무명 바지와 저고리를 입고, 두루마기도 걸쳤다.

그 때 아버지가 말하였다.

"얘야, 오늘은 아무것도 먹지 않느냐? 이 나이가 되면 아침에 무엇이든 먹어야 하느니라. 그렇지 않으면 속이 쓰려서 아무것도 못 해!"

장가들 생각에 마음이 분주한 왕룽은 아침식사 준비를 까맣게 잊고 있었다. 그는 두루마기를 벗어 놓고 옥수수 죽을 끓였다. 그는 아침 먹을 생각도 없었다.

'아버지는 먹고 마시는 것밖에 모른단 말이야!'

왕룽은 혼자 중얼거리다가,

"아버지, 오늘 저녁에는 쌀밥을 지어 드릴게요. 지금은 쌀통에 쌀이 별로 없어요."

하고 말하였다.

그는 방으로 들어가 손때가 묻어 반들반들한 헝겊 주머니를 허리띠에서 끌러 그 속에 든 돈을 세어 보았다.

은전 여섯 닢과 두어 줌의 동전이 들어 있었다.

왕룽은 아버지를 위하여 삼촌과 사촌들, 그리고 마을에서 함께 살고 있는 농부 세 사람을 저녁때 오라고 초대하였고, 친구들도 몇 사람 초대하였다.

왕룽은 쇠고기와 돼지고기, 생선 한 마리와 밤 한 줌, 죽순 등을 사기 위하여 시장으로 가는 길에 아내 될 여자가 살고 있는 황 부잣집 옆에 이르렀다.

그 집 옆을 지나야 장터로 갈 수 있었다.

왕룽의 아내가 될 여자는 어려서부터 노예로 팔려 황 부잣집에서 종노릇을 하고 있었다.

"대갓집에서 종노릇을 하는 여자에게 장가들기보다는 차라리 혼자 사는 게 낫지!"

이렇게 말하는 사람들도 있었다.

"이렇게 살기 힘든 때에 장가를 들자면 큰돈이 있어야 할 텐데. 어느 여자든 금가락지와 비단옷을 해 주어야 시집온다고 하던데……. 가난한 사람들이야 종노릇 하는 여자나 데려올 수밖에 없지."

이렇게 말하는 아버지의 뜻에 따라 왕룽은 황 부잣집 종을 아내로 맞아들이기로 한 것이었다.

"예쁜 여자는 못쓴다. 밭에 나가 일도 잘하고 아이를 펑펑 낳아 줄 여자라야 해. 얼굴 반반한 여자 백 명보다 못생긴 여자 한 명하고 사는 편이 더 낫다. 얼굴 곱고 예쁜 여자는 다 임자가 따로 있는 법이야."

왕룽은 아버지의 주문에 은근히 화가 났다.

"그럼, 반드시 못생긴 여자라야 한다는 말씀입니까?"

"그럼! 우리는 가난뱅이 농부야. 우리 형편에 어울리는 그런 여자가 너에게는 좋아."

"하지만 저는 곰보나 언청이는 싫어요."

이리하여 장가를 들게 된 것인데, 다행히도 그 여자는 곰보도 언청이도 아니었다.

왕룽은 단지 그 사실만 알고 있을 뿐, 더 이상은 신부에 대해 알지 못한 채 드디어 결혼식 날이 된 것이었다.

왕룽은 아버지와 함께 금물로 겉을 입힌 은가락지 두 개와 은 귀고리를 사서 아내 될 여자에게 보냈을 뿐이었다. 그리고 오늘 그 여자를 데려오게 된 것이었다.

왕룽은 이제까지의 일들을 되돌아보면서, 황 부잣집 옆을 돌아서 장에 다녀왔다. 그는 장을 본 꾸러미들을 들고 황 부잣집으로 갔다.

그러나 더 이상 용기가 나지 않아 그 집 대문을 바라보며 한참 동안 서 있었다.

'색시를 데리러 왔소.'

이렇게 말할 것을 생각하니 온몸에서 땀이 주르르 흘렀다.

'어떻게 말을 하지?'

왕룽은 이런저런 생각을 하며 황 부잣집으로 향하였다.

왼쪽 볼에 큰 사마귀가 달린 문지기가 왕룽을 장사꾼으로 알았는지 거만한 목소리로 물었다.

"무엇 하러 왔소?"

"농부 왕룽이오."

"농부 왕룽이 어쨌다는 거요?"

"색시를 데리러 왔소."

문지기는 그 말을 듣고 호탕하게 웃으며 말하였다.

"아, 그렇소? 오늘 신랑이 올 거라는 이야기는 들었소. 그래서 기다리고 있던 중인데, 광주리를 옆에 끼고 오다니…… . 그런 신랑이 어디 있소?"

"시장을 좀 봐 오느라고…… ."

"돈을 내야 들어갈 수 있소."

왕룽은 할 수 없이 문지기에게 돈을 쥐어 주었다. 그 때서야 문지기가 안쪽을 향하여 소리를 쳤다.

"신랑이오! 신랑이 왔습니다."

왕룽은 문지기를 따라 들어간 후, 어느 조그만 방으로 안내되어 들어갔다. 왕룽이 그 방에 앉아 한참 기다리고 있자, 문지기가 되돌아와 말하였다.

"큰마님께서 보자고 하시오."

왕룽이 광주리를 들고 안채로 들어가려고 하자 문지기가 말하였다.

"광주리는 여기 두고 들어가시오."

왕룽은 광주리를 내려놓고 안으로 들어가 큰 마님께 인사를 올렸다.

"오, 네가 색시를 데리러 왔느냐?"

"예."

"오란이를 나오라고 하여라!"

큰마님의 말에 하인이 한 여자를 데려왔다.

"이 아이는 열 살 때 우리 집에 와서 스무 살이 된 지금까지 같이 지내 왔다. 이 여자는 몸이 튼튼하고 마음씨가 착해 너를 위해서 무슨 일이든 할 것이야. 영리하지는 못해도 성실하게 일할 게다. 의좋게 살기를 바란다. 그리고 오란아! 너는 남편을 하늘같이 믿고 따르며, 말 잘 듣고 아들을 낳아라! 그리고 첫아들을 낳으면 나를 찾아오도록 하거라."

이리하여 왕룽은 여자를 데리고 황 부잣집을 나섰다.

황 부잣집에서 내주는 좀 묵직한 궤짝을 둘러메고, 장을 본 광주리는 여자에게 들게 하고 집으로 왔다.

저녁때, 초대한 손님들이 모여 차를 마시고 음식을 들면서 조촐한 잔치가 벌어졌다.

새로운 희망

인생이 이렇게 아름답고 즐거울 수도 있다는 것을 왕룽은 처음 느껴 보았다.

이튿날 아침 일찍 눈을 뜬 왕룽은 아내 오란을 바라보았다. 침대에 누운 채 이제는 완전히 자기 사람이 된 오란을 물끄러미 바라보았다.

오란은 일찍 일어나 옷을 챙겨 입고 헝겊으로 만든 신을 신었다.

작은 구멍에서 새어드는 아침 햇빛이 오란의 얼굴에 비쳤다. 오란은 조금도 변한 것 같지 않았다.

'이상하다, 저렇게 태연하다니!'

왕룽은 그런 오란을 보면서 사뭇 놀랐다. 왕룽은 자신이 어제 하룻밤 사이에 완전히 딴사람이 되었다고 생각하였으나, 오란은 그런 것 같지 않았다.

오란은 오래 전부터 여기서 잠자고 아침마다 이 곳에서 일어났던 사람 같은 표정이었다.

그 때 아버지의 기침 소리가 마치 싸움을 걸어오듯 들려왔다.

"우선 아버지한테 따뜻한 물 한 잔 갖다 드리고 와요. 기침을 멈추게 하는 데 좋으니."

"찻잎을 넣어 드려야 하나요?"

이 간단한 물음에 왕룽은 몹시 괴로웠다. 그렇게 하라고 대답해 주어야 하지만, 사정이 그렇지 못하였기 때문이다.

며느리가 첫날부터 맹물 대신 차를 드린다면 집안 망하게 되었다며 아버지가 화를 낼 것이 분명하였다.

"차라고? 그건 안 돼. 기침이 더 심해질 테니까……."

왕룽은 이렇게 대답하였다. 그리고는 오란이 부엌에서 물을 끓이는 동안 만족스러운 기분으로 침대 위에 누워 있었다.

왕룽은 좀더 잠을 자고 싶었다. 그러나 이제까지 날마다 아침 일찍 일어나 부엌에서 불을 지피며 물을 끓이고 아침식사를 준비하던 버릇이 그를 그대로 누워 있게 내버려두지 않았다.

왕룽은 누운 채 밭일도 생각해 보고, 이웃들과 친하게 지낼 생각도 해보며 시간을 보내고 있었다.

그러다가 간밤에 있었던 일들을 생각하며,

'정말 저 여자가 나를 좋아할까? 나도 저 여자를 좋아할 수 있을까?'
하는 생각이 들었다.

잠잘 때나, 집안일을 할 때, 과연 오란이 만족스러워할까 하는 생각이 머릿속에 가득 찼다.

오란은 얼굴도 못생긴데다 일을 많이 하여 손도 거칠었으나, 속살은 아주 부드럽고 누구도 손대지 않은 깨끗한 사람이었다.

오란의 몸은 정말 아름다웠다. 뼈마디는 굵었지만, 풍만한 살결이 보드라웠다. 왕룽은 오란이 자기를 남편으로서 좋아해 주었으면 하고 바라다가 갑자기 부끄러운 생각이 들었다.

그 때 방문이 열리면서 김이 무럭무럭 나는 찻잔을 두 손에 받쳐든 오란이 그녀 특유의 말없는 무뚝뚝한 표정으로 걸어 들어왔다.

왕룽은 침대에서 벌떡 일어나며 찻잔을 받았다. 그런데 찻잔 안에 찻잎이 둥둥 떠 있었다. 왕룽은 깜짝 놀랐다.

왕룽의 놀란 얼굴을 본 오란은 금방 겁에 질린 표정이 되면서 말하였다.

"아버님께는 차를 안 드렸어요. 당신이 말씀하신 대로 했어요. 그러나 당신에게는 제가……."

왕룽은 오란이 자기를 두려워하고 있다는 것을 알고는, 기분이 좋아져 이렇게 말하였다.

"나는 좋아, 좋다니까."

왕룽은 기분이 흐뭇해서 찻잔을 받아들고 '후루룩 후루룩' 소리를 내며 들이마셨다.

왕룽은 몇 달 동안 집안일은 하지 않고 오란만을 바라보며 지냈다.

'이 여자는 나를 퍽 좋아하나 봐!'

이런 생각을 하니 새로운 기쁨과 힘이 넘쳐흘렀다.

왕룽은 밭에 나가 밀밭 이랑을 일구고, 황소에 쟁기를 매어 마늘밭과 양파밭도 갈았다. 해가 하늘 한가운데로 올라와 점심때가 되면 신이 나서 집으로 들어갔다.

예전 같으면 부엌으로 바로 가서 점심 준비를 서둘러야 하였지만, 이제는 집에 들어오면 점심상이 차려져 있었다.

오후가 되면 오란이 호미와 삼태기를 걸머메고 읍내로 가는 큰길로

나갔다.

그녀는 노새와 당나귀, 말들이 길가에 흘린 똥 덩이를 주워 담아 집으로 가져와서는 밭에 뿌리거나, 거름으로 쓰기 위하여 모아 두기도 하였다. 그녀는 누가 시키지 않아도 항아리에 물을 채워 넣기도 하고 집안일을 알아서 척척 하였다.

해진 옷을 꿰매고, 누비이불을 빨고, 집 안팎을 깨끗이 청소하는 등 한시도 쉬는 틈 없이 일을 하였다.

오란은 생활하는 데 꼭 필요한 말만 할 뿐, 그 외의 말은 하지 않고 묵묵히 일만 하였다. 왕룽은 그런 오란을 앞에서도 보고 뒤에서도 살펴보았으나, 도무지 그녀의 속마음은 알 수가 없었다.

새벽부터 한밤중이 될 때까지 넓은 집에서 일만 해 온 그녀인지라, 방 서너 개 청소하고 집 안팎을 살피는 것은 하나도 어려운 일이 아니었다.

어느 날, 왕룽이 밀밭에서 김을 매고 있는데 오란이 나왔다.

"저녁때까지는 집에 있어도 할 일이 없어요. 김을 매러 나왔어요."

오란은 이렇게 말하고는 김을 매기 시작하였다.

해가 쨍쨍 내리쬐는 날이라, 오란의 얼굴에서는 금세 땀방울이 뚝뚝 떨어졌다.

왕룽은 그런 오란을 보면서 신바람이 나서 더 부지런히 김을 매었다. 그들의 땅인 이 흙을 뒤엎어 햇볕에 드러내 놓는 일은, 힘들지만 즐거운 일이었다. 그들의 집을 지어 주고, 식량을 주며, 믿음의 신을 만들어 주는 그 대지의 흙은 정말 소중한 것이었다.

땅을 파 보면 흙은 기름지고 검지만 호미 끝에 닿으면 가볍게 부서졌다. 이따금 벽돌 조각이나 나뭇조각이 나오기도 하였고, 또 어떤 때에는 남녀의 시체가 묻혀 있기도 하였다.

또한 집들이 서 있다가 허물어지고 다시 흙으로 돌아가기도 하였을 것이다. 언젠가는 그들이 살고 있는 집도 흙으로 돌아가고, 그들의 육신 또한 흙으로 변해 버릴 것이다.

그들은 함께 움직이며 열심히 일을 하였다. 그리고 함께 이 대지의 열매를 가꾸며 말없이 움직였다.

해가 진 뒤, 왕룽이 오란의 얼굴을 보니 땀에 젖은 얼굴 여기저기에 흙이 묻어 있고 윗옷이 땀에 흠뻑 젖어 있었다.

마지막 이랑의 김을 매다가 오란이 말하였다.

"저, 아이를 가졌어요."

왕룽은 아무 대답도 하지 못한 채 서 있었다. 무슨 말을 어떻게 해야 할지 알 수가 없었다. 그러다가 왕룽은 오란의 손에서 호미를 빼앗아 들면서 감동 어린 목소리로 말하였다.

"이제 그만 해! 해가 졌어. 어서 아버지한테 이 기쁜 소식을 전하러 갑시다!"

왕룽은 오란의 손을 잡고 집으로 돌아왔다.

아버지가 문 밖에서 기다리고 있다가 아들 내외를 보더니 큰 소리로 말하였다.

"저녁이 너무 늦었다. 기다리다가 지쳐 버리겠다!"

"아버지, 이 사람이 아이를 가졌대요."

그 순간 아버지는 눈을 껌벅이더니 웃음을 터뜨렸다.

"하하하, 그럼 이제 손자 볼 날도 멀지 않았구나!"

아버지는 크게 기뻐하였다.

"아버님, 곧 진짓상을 차리겠습니다."

"그래, 그래! 기다리마!"

아버지는 어린아이처럼 오란의 뒤를 따라 부엌으로 들어서며 수선을 떨었다. 손자 생각이 아버지의 머리에서 배고프다는 생각을 잊게 하였다. 그러나 저녁 밥상을 받고는 손자 생각은 아예 잊어버린 것 같았다.

그러나 왕룽은 식탁 옆에 있는 긴 의자에 앉아 오로지 태어날 아이 생각만 하였다.

그는 아주 신기한 생각이 들었다.

"나도 이제 곧 아버지가 된다!"

첫 아 들

시간은 말없이 흘러 오란이 아이를 낳을 날이 점점 다가왔다.

왕룽은 걱정이 되어 오란에게 물었다.

"아이를 낳을 때 뒷바라지해 줄 사람이 있어야 할 텐데, 어떻게 하면 좋지?"

그러나 오란은 아무 말도 하지 않고 고개를 저으며 설거지만 하였다. 날은 이미 저물고 왕룽과 오란은 솜 심지를 기름에 적셔 불을 밝힌 희미한 등불 아래서 이야기를 나누었다.

"뒷바라지를 누가 해 주지?"

왕룽은 다시 물었다. 이즈음 그는 혼자 지껄이는 것이 버릇이 되어 있었다. 그가 초조해하며 자꾸 중얼거려도, 오란은 다만 머리나 손을 약간 움직일 뿐이었고, 가끔씩 입을 열고 겨우 한 마디씩 하는 정도였다.

그러나 왕룽은 그런 오란의 태도에 아무런 불만이 없었다.

"어떻게 하지? 우리 집에는 남자만 둘이라, 어떻게 하는 것인지 순서를 전혀 모르거든."

왕룽은 또 혼자 중얼거렸다.

"전에 어머니가 해산하실 때는 마을 사람들이 와서 뒷바라지를 해 주었지. 황 부잣집의 나이 든 종이라도 불러오면 어떨까?"

왕룽은 오란이 종살이를 했었기 때문에 황 부잣집 이야기를 전혀 하지 않았었는데, 마음이 다급해지자 처음으로 그 집 이야기를 꺼낸 것이다.

그러자 오란은 눈을 치뜨고 분하다는 듯 떨리는 목소리로 이렇게 쏘아붙였다.

"그 집에는 저하고 친한 사람이 없어요."

왕룽은 그 말에 깜짝 놀라서 오란을 다시 바라보았다.

"집에 남자 둘이 있기는 하지만, 아이 낳는 데는 하나도 소용이 없잖아…… . 아버지가 돌볼 수도 없고, 나는 송아지 낳는 것도 본 일이 없으니, 잘못하다가는 아이를 다치게 할지도 모르잖아!"

오란은 젓가락을 씻어 선반 위에 올려놓으며 말하였다.

"제가 그 집에 다시 갈 때는 아이를 안고 가겠어요. 아이에게 붉은 저고리, 꽃무늬 바지로 된 좋은 옷을 입혀서 그 집에 가겠어요. 그리고 제가 일하던 부엌에도 가 보고 큰마님이 아편을 피우는 대청에도 올라가 보겠어요. 그리하여 우리 아이 모습을 그 집 여러 사람들에게 보여 주겠어요."

왕룽은 오란이 이렇게 길게 말하는 것을 처음 보았다. 말이 좀 느리기는 하였으나 조리 있는 말솜씨였다.

그런 오란의 태도로 보아 마음속에는 전부터 어떤 깊은 생각이 있었음을 알 수 있었다. 오란은 밤낮으로 부지런히 일만 할 뿐, 그 동안 아이에 관해서는 아무런 말도 없었다.

그래서 왕룽은 오란이 그녀가 아이에 대해 아무런 생각도 하지 않는 줄 알았다. 그러니 이런 오란의 조리 있는 말을 들은 왕룽은 놀라지 않을 수 없었다.

"그러자면 돈이 꽤 있어야 할 텐데……."

왕룽은 오란의 표정을 살피면서 어렵게 말하였다.

"은화 세 닢만 주시면 돼요. 큰돈이지만 여러 가지로 계산을 해 보았어요. 한 푼도 헤프게 쓰지 않겠어요. 포목점에 가서 흥정도 잘 하겠어요."

왕룽은 허리춤을 뒤졌다. 그저께 서펑 못에서 갈대를 한 짐 반이나 베어다 팔았으므로, 오란이 원하는 돈보다 몇 푼 더 가지고 있었다. 그는 은화 세 닢을 탁자 위에 놓고 얼마간 주저주저하다가 또 한 닢을 마저 주었다.

"한 닢 더 가지고 가서 명주옷이라도 장만하지. 돈도 돈이지만, 첫아이 아닌가!"

그러자 오란은 은화를 물끄러미 바라보면서 혼잣말로 중얼거렸다.

"제 평생에 은화를 가져 보는 건 오늘이 처음이에요."

오란은 중얼거리다가 손을 내밀어 은화를 거두어 가지고 침실로 들어갔다.

왕룽은 그 뒤에도 한참 동안 은화가 아직까지 탁자 위에 있는 것처럼 생각이 되었다. 그 은화는 흙 속에서 나온 것이나 다름없었다. 그가 끊임없이 흙 속을 갈고 거두고 함으로써 얻은 것이기 때문이었다.

왕룽은 자기의 생명을 온통 흙에 의지하고 살았다. 땀을 한 방울 한 방울 흙 속에 떨어뜨리면서 먹을 것을 얻었고, 또 거기서 은화까지 얻을 수 있었다.

그러므로 지금까지 은화 한 닢을 남에게 건네는 것은 자기의 살점을 하나 떼어내는 것과도 같았다.

그러나 이번만은 그렇지가 않았다. 아무런 고통도 느낄 수 없었고, 매우 홀가분하게 은화를 내놓을 수 있었다.

자기의 귀여운 아이에게 고운 옷을 지어 주겠다는 오란이 대견하기만 하였다. 언제나 말없이 일만 해 온 오란이 장차 태어날 아이의 새 옷까지도 마음속에 그리고 있었다는 것이, 왕룽은 생각하면 할수록 신기하게 느껴졌다.

그런 가운데, 오란은 해산을 도와줄 사람도 없이 아이를 낳게 되었다.

어느 날 저녁이었다.

그 날도 오란은 왕룽을 따라 밭일을 나갔었다.

밀을 거두어들인 뒤에 물을 대어서 벼의 모를 심었던 것이 마침 여름 동안 비가 많이 와서 잘 자랐고, 가을에는 햇볕을 잘 쬔 덕분에 벼이삭이 보기 좋게 익었다.

왕룽 부부는 하루 종일 낫자루를 빠르게 움직여서 벼베기에 바빴는데, 오란은 만삭이라 그런지 무척 힘들어하는 것 같았다.

해가 기울어 저녁때가 가까워 오면서 오란의 일손이 눈에 띄게 느려졌다.

왕룽이 오란을 뒤돌아보았을 때, 오란은 낫을 떨어뜨리고 고통을 못 이겨 땀방울을 흘리고 있었다.

"아이가 나오려나 봐요. 저는 먼저 집으로 가겠어요. 제가 부르기 전에는 절대로 방에 들어오지 마세요. 그리고 탯줄을 끊게 새 갈대를 베어 오세요."

오란은 이렇게 말한 후 집으로 갔다.

왕룽은 오란의 모습이 마을 쪽으로 멀어지는 것을 바라보다가 가까운 연못에 가서 싱싱한 갈대를 정성스럽게 베어 껍질도 벗기고 다듬었다. 가을 해는 빨리 지는지라, 왕룽은 서둘러 집으로 돌아갔다.

집에 오니 식탁 위에는 김이 모락모락 나는 저녁밥이 차려져 있었고, 아버지는 벌써 식사를 하고 있었다.

오란이 아픔을 참아 가면서 저녁을 지었을 것을 생각하니, 세상에 이렇게 고마운 아내가 있을까 싶은 생각이 들었다.

그리하여 크게 감탄한 왕룽은 방문 앞까지 가서 나직한 목소리로 말하였다.

"여보! 여기 갈대 가지고 왔어."

왕룽은 오란이 들어오라고 할 줄 알았는데, 오란은 말 대신 문틈으로 손을 내밀어 갈대를 받았다.

그리고는 아무 말 없이, 마치 먼길을 힘차게 달려온 짐승처럼 몹시 헐떡이는 소리만이 들려왔다.

혼자 저녁식사를 하던 아버지는 왕룽에게 고개를 돌리며 이야기를 하였다.

"애야, 식기 전에 어서 먹어라. 아직 멀었으니까 걱정할 것 없다. 네 어미가 첫아이를 낳을 때도 저녁 무렵에 진통을 시작했는데 새벽녘이 되어서야 아기를 낳았단다. 네 어미가 낳은 아이들 모두를 생각하자면 끝이 없단다. 그러니까 여자는 자꾸 아이를 낳아야 하는 것이란다."

아버지는 이렇게 이야기하다 말고 갑자기 크게 웃으면서 말하였다.

"하하하, 그러니까 나도 내일이면 할아버지가 되는구나!"

그러나 왕룽은 이런 아버지의 이야기는 상관도 없이 문 앞에서 오란이 헐떡거리는 소리를 안타까운 마음으로 듣고 있었다.

조금 있으려니까 문틈으로 더운 김이 새어 나오며 비린내가 코를 찔렀다. 오란의 헐떡거리는 소리는 점점 더 가빠지고 높아져서 큰 고함 소리가 들리는 것 같았다.

그 순간 부드럽고 가는 울음소리가 들렸다.

"후! 아들인가?"

왕룽은 오란의 고통은 생각지도 않은 채 이렇게 물었다. 오란은 대답이 없었다. 그리고 가늘지만 힘찬 울음소리가 또 들려왔다.

"아들인가, 딸인가?"

왕룽은 연거푸 물었다. 이제야 오란의 대답이 가늘게 들렸다.

"아들이에요……."

왕룽은 이 모든 일이 꿈만 같았다. 그 때 아버지는 의자에 앉은 채 코를 골며 자고 있었다. 왕룽은 아버지의 어깨를 흔들어 깨우며 자랑스러운 듯 이야기하였다.

"아들이랍니다. 할아버지가 되셨어요."

아버지는 눈을 번쩍 뜨며 기쁨을 감추지 못하였다.

"음? 할아버지가 되었다고?"

그런 아버지를 보면서 왕룽은 부엌으로 들어갔다.

갑자기 시장기를 느낀 나머지 왕룽은 밥을 허겁지겁 먹어대었다. 방에서는 오란이 무엇을 치우는지 조그만 소리가 계속 들려왔다.

"아, 이제부터 우리 집은 더 분주해지겠구나!"

왕룽이 이렇게 중얼거리고 있을 때, 오란이 들어오라고 하는 소리가 들렸다.

방 안은 말끔하게 정돈되어 있었고, 오란은 침대 위에 단정하게 누워 있었다. 아이는 옛날부터 내려오는 풍속대로 헌 바지에 싸여서 오란 옆에 눕혀져 있었다.

아이 옆으로 다가선 왕룽은 한동안 말문이 막혔다.

묘한 설렘으로 긴장되어 가슴이 고동쳤다. 아이를 들여다보니 둥글고 주름진 얼굴이 거슴츠레하게 보였고, 길고 검은 머리카락은 물에 빠진 듯 젖어 있었다. 아이는 울음을 그친 채 눈을 꼭 감고 잠들어 있었다.

왕룽은 오란을 바라보았다. 그 순간 오란도 왕룽을 바라보았다. 왕룽은 아내를 무슨 말로 위로해 주어야 할지 생각이 나지 않았다.

"내일 장에 가서 설탕을 한 근 사올 테니 끓는 물에 타 먹도록 해."

늘어가는 살림

오란은 아이를 낳은 다음 날, 보통 때와 마찬가지로 아침 일찍 일어나서 식사 준비를 하였다. 그러나 남편과 함께 밭에 나가는 일은 할 수가 없었다.

오후에 왕룽은 읍내 장터로 가서, 새로 낳은 것은 아니지만 쓸 만한 달걀 쉰 개를 한 개에 1전씩 주고 샀다.

그리고 달걀과 함께 붉은 종이도 샀다. 달걀을 바구니에 담고 설탕 가게에 가서 설탕도 조금 샀다. 가게 주인은 설탕 봉지를 맨 새끼줄에 붉은 종이쪽지를 끼워 주면서 빙그레 웃었다.

"새로 태어난 아기 엄마에게 드리려는 것 같군요."

"예! 첫아들을 낳았어요."

"오, 그것 정말 축하하오!"

가게 주인은 이 때 막 가게 안으로 들어선, 옷차림이 훌륭한 손님에게 눈길을 돌리며 건성으로 한 마디 하였다.

가게 주인은 하루에도 여러 번 다른 손님들에게 그런 이야기를 하여야 한다. 그러나 왕룽에게는 그 이야기가 자기에게만 특별히 해 주는 축하 인사같이 들렸다.

왕룽은 인사를 받고 나서 무척 기분이 좋아져 가게를 나오면서 연신 고개를 끄덕였다.

먼지투성이의 거리에 따가운 햇살이 쏟아졌다. 왕룽은 그 길을 걸어가는 사람들 가운데 자기처럼 기분 좋은 사람은 아마 없을 거라는 생각을 하였다.

그런데 이상하게도 처음에는 마냥 기쁘기만 하더니, 어느 새 가슴이 뜨끔하고 겁이 났다. 그 이유는 이 세상을 살아가면서 너무 운이 좋아도 불길한 일이 같이 생길 수 있다는 생각이 들었기 때문이다.

하늘과 땅 사이에는 사람의 행복한 모습들, 특히 가난한 사람이 그렇게 행복해하는 모습을 가만히 두고 보지 못하는 심술 사나운 못된 귀신들이 가득 차 있다는 말이 생각났다.

왕룽은 방향을 바꾸어 초 파는 가게로 들어갔다. 그는 초를 사고, 좋은 향도 식구 수대로 네 개를 샀다.

그런 뒤에 지신의 서낭당에 들러, 전에 오란과 함께 향을 바쳤던 향불의 식은 재에다 향을 꽂고 불을 붙였다.

"향이 잘 타는구나!"

왕룽은 매우 흐뭇해졌다. 그는 집으로 돌아오는 길에 신이 나서 콧노래를 불렀다.

세월은 흘렀다.

오늘도 왕룽은 아침 일찍부터 논에 나가서 일을 하다가, 어느 새 따라온 오란을 보았다.

곡식을 거두어들이는 일은 벌써 다 해치웠다.

왕룽과 오란은 집 마당에 탈곡장을 차리고 거두어들인 곡식을 도리깨질하면서 곡식의 낟알을 떨어내고 있었다. 그리고 대나무로 만든 큰 키를 바람이 부는 쪽에 대고 키질을 하였다. 겨는 부는 바람 따라 구름처럼 날아가고, 쌀알만 아래로 떨어졌다.

그 일이 끝나자 왕룽과 오란은 가을보리를 심었다.

왕룽이 황소에 쟁기를 매어 땅을 갈고 나가면 오란은 뒤따라가면서

괭이로 밭고랑의 흙을 골랐다.

　오란이 밭에서 일하는 동안, 아이는 땅바닥에 깔아 놓은 해진 이불에
서 잠을 잤다.

　아이가 잠에서 깨어나 울면, 오란은 급히 달려가서 아이에게 젖을 물
렸다. 그러면 늦가을 햇볕이 방긋방긋 웃는 것처럼 이들 모자를 비춰
주었다.

　오란은 젖이 많아서 아이가 한쪽 젖만 먹고도 배불러 만족을 하였다.
토실토실 살이 찌고 성질이 유순한 아이는 어머니가 주는 무궁한 생명
의 젖을 빨아먹으면서 무럭무럭 자랐다.

　어느덧 겨울이 왔다.

　왕룽과 오란은 겨울 날 준비를 모두 마쳤다. 풍년이 들어서 방이 세
개뿐인 왕룽의 집에는 집이 터져 나갈 정도로 곡식이 가득하였다.

초가 지붕의 서까래에는 말린 양파와 줄에 엮어 매단 마늘들이 주렁주렁 달려 있었다. 또 가운데 방과 아버지의 방에는 물론, 왕룽 부부가 쓰는 방에도 갈대로 항아리처럼 짜 올린 그릇마다 밀과 쌀이 가득 담겨 있었다. 이 곡식과 마늘, 양파들은 꼭 필요한 양만 남겨 놓고 모두 팔 것이었다.

왕룽은 워낙 근검하고 부지런하였다. 마을 사람들처럼 노름을 하거나, 맛있는 음식을 사먹는 일, 술을 마시느라고 돈을 흥청망청 쓰는 다른 농부들과는 아주 달랐다.

왕룽은 곡식이나 마늘을 잘 저장해 두었다가 해가 바뀌고 봄이 되어 값이 오를 때 장터에 내다 팔 생각을 하고 있었다.

그러나 왕룽의 삼촌은 그렇지 않았다. 그래서 삼촌은 해마다 봄 식량을 구하느라고 애를 썼다. 어떤 때에는 들에 심어 놓은 곡식을 거두기도 전에 미리 파는 일까지 저질렀다.

삼촌은 그렇다 치고, 숙모 또한 살이 뒤룩뒤룩 찌고 몹시 게으른 여자였다. 그녀는 늘 과자나 사먹고, 신발이 다 떨어지기도 전에 새 신을 사서 바꾸어 신는 여자였다.

그러나 왕룽의 아내 오란은 숙모와는 정반대였다. 자기 신은 물론이고 왕룽이나 아버지가 신을 신도 틈나는 대로 손수 만들었다. 또 아이의 신도 미리 짜 놓았다.

삼촌이 사는 낡은 초가집에는 서까래에 걸려 있는 것이 아무것도 없었다.

그러나 오란은 왕룽이 시장에서 사온 돼지 다리 한 짝을 소금에 절인 다음, 뽀득뽀득 마르도록 서까래에 걸어 두었다.

집에서 기르던 닭도 두 마리를 잡아 내장을 꺼낸 뒤 털을 뽑지 않고 몸통 속에다 소금을 채워 걸어 두었다.

이처럼 많지는 않지만 넉넉하게 모든 준비를 마친 왕룽의 가족들은 사막에서 불어오는 겨울의 모진 찬바람 속에서도 따뜻한 겨울을 보낼 수 있었다.

이제 왕룽의 아들은 혼자서도 일어설 수 있게 되었다.

왕룽은 아기가 태어난 지 꼭 백 일째 되던 날, 국수를 말아서 동네 잔치를 벌였다.

결혼식 때 초대했던 사람들을 불러서 국수와 달걀을 대접하였다.

아이는 엄마를 닮아서 얼굴이 둥근 달처럼 환하였다.

모두들 아이가 무럭무럭 잘 자라라고 축원을 해 주었다.

겨울은 점점 추워졌고 가물었다. 왕룽은 초조하게 비를 기다렸다.

"보리가 싹을 틔우려면 비가 와야 하는데, 너무 가무는군!"

초조하게 비를 기다리던 어느 날, 비가 쏟아졌다.

아이는 빗방울이 신기한 듯 바라보며 손을 내저었다.

"그래, 빗방울을 잡아 보겠니?"

왕룽 부부는 아이를 보면서 덩달아 웃었다. 손자를 옆에서 물끄러미 쳐다보던 아버지가 말하였다.

"열두 동네 마을을 다 뒤져도 이렇게 영리한 아이는 없을 게다. 다른 녀석들은 걸음마를 배우기 전에는 아무것도 못 알아보는데……."

밭에서는 보리 싹이 눈을 뜨고 촉촉한 갈색 흙 위로 푸른 새싹을 송곳처럼 내밀었다. 농부들은 다시 한 번 하늘이 밭일을 도와주었다 며 감사하는 마음을 가졌다.

"하늘이 알아서 비를 내리셨구나! 어깨에 물통을 져 날라 밭에 뿌렸으면 허리가 휘거나 멍이 들었을 텐데……."

남자들은 기름종이를 덮은 우산을 쓰고 밭으로 다니면서 농사일을 하였고, 여자들은 식구들의 신을 만들거나 옷을 꿰맸다. 그러면서 다가올

설 준비를 하였다.

이 마을에는 여섯 가구가 살았다.

설날이 가까워 오는데, 설빔을 장만하고 음식을 차리는 데 쓸 넉넉한 돈을 가진 사람은 별로 없었다.

왕룽은 대나무를 쪼개 갈퀴를 만들고 대바구니를 만들었고, 오란은 살림 도구들을 손질하였다.

오란은 항아리에 금이 가면 흙을 이겨 바르고 새끼줄로 항아리 주둥이를 묶어서 사용하였다.

그렇게 하니 자연 살림이 늘어나고 돈을 모을 수 있었다.

"저 큰 호박에서 씨를 받아 두어야지!"

"밀짚을 팔아서 돈을 마련하고, 콩대로 불을 때어서 밥을 지어요."

왕룽 부부는 이렇게 오순도순 이야기를 나누었다.

어느 날 저녁, 오란은 밀가루를 반죽하여 우동을 만들었다.

"오늘 우동은 정말 맛있는데!"

"올해 밀농사가 잘 되어서 그래요."

왕룽의 말에 오란은 이렇게 말하였다.

왕룽은 밀짚 판 돈을 오란에게 주고, 오란은 그 돈을 소중하게 모아 두었다.

황 부잣집 나들이

새해가 다가오자 마을 사람들은 모두 설 준비에 바빴다.

왕룽은 밀초 가게에 가서 붉은 종이 몇 장을 샀다. 그 종이에는 행복을 빌고 부귀를 기원하는 좋은 글귀가 씌어 있었다.

"이 종이를 쟁기에 붙여 두면 새해 운수는 대통할 거야."

왕룽은 이렇게 중얼거리며 붉은 종이를 쟁기에도 붙이고, 소 멍에에
도 붙이고, 괭이와 거름통에도 붙였다.

대문에는 '입춘대길'이라고 쓴 기다란 붉은 종이를 붙이고, 문설주에
도 꽃 모양으로 오려낸 붉은 종이를 붙였다.

왕룽은 밀초와 돼지기름, 설탕을 사 왔다. 이것을 집에서 빻은 쌀가루
에 섞어 월병이라는 큰 떡을 만들었다.

왕룽은 오란이 월병을 만들어 찌려고 늘어놓은 것을 보자 마음이 뿌
듯해지고 자랑스러워 졌다.

부잣집에서도 명절에나 쓰는 이런 떡을 만들어 주는 여자는 이 마을
에 또 없을 것 같았다.

게다가 어떤 떡에는 붉은 산황나무 열매와 오얏 씨를 넣어서 화초 등
여러 모양을 만들었다.

"이렇게 예쁜 떡을 어떻게 먹지? 너무 아까워서!"

왕룽이 기뻐하며 말하였다. 아버지도 떡을 올려놓은 시렁 아래를 왔
다갔다하며 어린아이처럼 기뻐하였다.

"너희 삼촌과 사촌들을 불러다 보여 주는 게 좋겠구나."

그러자 왕룽은 기쁜 가운데서도 사리 판단을 하였다. 그는 배고픈 사
람들을 불러다 놓고 자랑만 하면 안 될 일이라고 생각하였다. 그래서
그는 이렇게 둘러댔다.

"아버지, 설 떡을 남에게 보이면 재수가 없대요."

오란은 가루와 기름에 전 손을 들고 소매로 땀을 닦으며, 여느 때처
럼 조용조용 말하였다.

"이 떡은 우리가 먹을 것이 아닙니다. 꽃무늬 찍은 것을 손님들에게
조금 대접하겠어요. 우리야, 어찌 하얀 설탕과 돼지기름 먹을 처지가
되나요? 이것은 황 부잣집의 큰마님께 드리려고 만드는 것입니다.

정월 초하룻날 아이를 데리고 갈 때 가지고 가려 합니다."

그 말을 들은 왕룽은 그 떡이 한층 더 소중해 보였다.

왕룽이 처음 갔을 때는 가난하고 못생긴 농부로서 기를 펴지 못했던 황 부잣집 대청에, 이제는 손님의 자격으로 그의 아내와 고운 옷을 입힌 아이를 데리고 이렇게 훌륭한 월병을 가지고 갈 것을 생각하니 무척 기뻤다.

왕룽은 황 부잣집에 갈 일만 생각하고 있었으므로 다른 일들은 머릿속에서 멀리 사라져 버렸다.

초하룻날, 삼촌과 이웃 사람들이 와서 왕룽 부자의 복을 빌고 음식을 먹는 것도 왕룽의 마음속에는 없었다.

왕룽은 오란이 꽃무늬 놓은 떡을 손님들에게 잘못 내놓을까 봐 걱정이 되어 광주리 속에 감추듯 넣어 두었다.

손님들이 흰떡을 보고 돼지기름과 설탕이 잘 어울려 맛이 좋다고 하자, 그는

'그것보다 빛깔도 곱고 훨씬 더 좋은 떡이 있소!'
하는 말이 목구멍까지 치솟는 것을 겨우 꾹 참았다. 무엇보다도 그 떡을 들고 황 부잣집 대문을 네 활개를 치고 들어갈 일이 꿈만 같았다.

정월 초하룻날은 남자들이 배불리 먹고 마시고 마음껏 즐기는 날이고, 그 이튿날은 부인들이 서로 찾아다니며 노는 날이었다.

왕룽과 오란은 정월 초이튿날 아침 일찍 일어났다.

"아가야, 새 옷 입자."

오란은 자기가 지은 붉은 옷을 아이에게 입히고 범 모양을 그린 꼬까신을 신겼다. 그리고 그믐날 왕룽이 깎아 준 머리에는 부처님을 수놓은 붉은 모자를 씌워서 침대 위에 앉혀 놓았다.

그러고 나서 왕룽이 옷을 입는 사이, 오란은 길고도 검은 머리카락을

빗어 내려서 낭자를 틀고, 왕룽이 사다 준 은도금 비녀를 꽂고 새 옷으로 갈아입었다.

준비를 마치고 나서 왕룽은 아이를 안고, 오란은 떡을 담은 광주리를 이고 성안으로 들어갔다.

왕룽과 오란이 황 부잣집 대문 앞에 이르렀을 때 그들은 기분이 몹시 상쾌해졌다.

오란의 소리를 듣고 달려나온 문지기는 그들의 옷차림에 눈이 동그래져서 그의 버릇인 사마귀 위에 난 긴 털을 만지작거리면서 목소리를 높이며 이렇게 외쳤다.

"아, 이거 왕 서방 아니오! 이젠 세 사람이 왔구려!"

문지기는 세 사람을 연신 바라보며 부러운 듯한 말투로 덧붙였다.

"지난해에는 운수가 대통했나 보군! 올해도 내내 같은 복을 누리시오!"

왕룽도 의기양양하여 대답하였다.

"고맙소. 하늘의 은덕으로 농사가 잘 되었다오!"

왕룽은 말을 하면서 대문으로 들어섰다. 문지기는 전에 없이 고분고분한 태도로 말하였다.

"왕 서방! 누추하지만 잠깐 내 방에서 기다리시오. 두 모자를 안채로 인도하고 오겠소."

왕룽은 그 자리에 서서 오란과 어린 아들이 이렇게 큰 집 주인에게 줄 선물을 가지고 들어가는 뒷모습을 흐뭇하게 지켜보았다.

오란과 아들이 중문 너머로 들어가는 것을 본 뒤에야 왕룽은 문지기의 방으로 들어가 문지기의 아내가 권하는 자리에 앉았다.

문지기와 함께 안채로 들어간 오란이 올 때까지 왕룽은 꽤 오랜 시간을 혼자 앉아 있었던 것 같았다. 왕룽은 오란의 표정을 살피며, 그녀가 큰마님에게 어떤 대접을 받았는지 무척 궁금해하였다.

돌아온 오란의 표정은 무척 밝고 만족한 듯 보였다.

왕룽은 문지기와 그의 아내에게 인사를 하는 둥 마는 둥 하고 대문 밖으로 나와 아이를 안았다. 아이는 새 기저귀를 차고 편안히 잠들어 있었다.

"어떻던가?"

왕룽은 뒤따라오는 오란에게 물었다. 오란은 왕룽 옆으로 가까이 다가서면서 말하였다.

"글쎄요, 그 댁은 올해 좀 궁색한 것 같아요."

오란의 목소리는 말하기 어려운 것을 억지로 하는 것처럼 보였다.

"그래, 어떻다는 말이오?"

왕룽은 궁금해서 못 견디겠다는 듯이 재촉을 하였다. 그러나 오란은 전과 마찬가지로 느릿느릿 대답하였다.

"큰마님은 헌 옷을 그냥 입고 계셨어요. 작년까지는 그런 일이 없었 거든요. 종들도 새 옷으로 갈아입은 사람이 없었어요."

오란은 여기서 잠시 말을 끊더니 다시 말을 이었다.

"저처럼 새 옷을 입은 사람은 아무도 없었어요. 또 우리 아이처럼 예 쁘고 고운 옷을 입은 아이는 하나도 없더군요."

오란의 얼굴에는 만족스러운 미소가 가득 퍼졌다. 왕룽도 소리내어 크게 웃으면서 아이를 꼭 껴안아 주었다.

왕룽은 순간 어떤 마귀라도 아이에게 붙으면 어쩔까 하는 생각이 들 어 겁이 덜컥 났다. 왕룽은 얼른 자기 가슴을 헤쳐서 옷자락 속에 아이 의 머리를 파묻으며 큰 소리로 외쳤다.

"이 아이는 아무에게도 소용없는 못생긴 계집아이입니다. 얼굴에는 곰보가 있어서 보기 흉해요."

"그렇고말고요!"

왕룽의 말에 오란도 맞장구를 쳤다. 오란은 왕룽의 속마음을 벌써 알아차린 것이다.

어떤 마귀라도 지나가다가 이 아이에게 달라붙을까 봐 걱정이 된 것이다. 아이에게는 이만하면 예방이 되었다고 생각한 왕룽은 다시 오란에게 물었다.

"그래, 그 댁의 형편이 그렇게 나빠졌다는 말이야?"

"전에 제 위에서 일하던 사람과 잠깐 이야기를 나누었는데, 이대로 간다면 길게 가지는 못할 것 같대요. 젊은 서방님 다섯이 외국에 가서 돈을 물 쓰듯이 쓰고, 여자를 일 년에 한두 사람씩 바꾸어 첩으로 삼고, 큰마님이 먹는 아편 값도 날마다 금화로 신발 두 짝에 가득 찰 정도라고 하네요."

"아니, 그렇게 돈이 많이 들어?"

왕룽은 눈이 휘둥그레졌다.

"게다가 셋째 아가씨가 올 봄에 혼사를 치른대요. 아가씨 지참금이 왕자 한 분의 몸값만큼 된다나 봐요."

오란은 한동안 말이 없다가 다시 입을 열었다.

"그래서 큰마님이 땅을 팔고 싶다고 하시는데, 그 땅은 남쪽 성 밖 기름진 땅이라 좋은 논인데……."

왕룽은 그 말을 듣고 귀가 번쩍 뜨였다. 잠자코 걸어가던 왕룽은 문득 손바닥으로 자기 머리를 치며 오란을 돌아보았다.

"여태 왜 그 생각을 못했지! 우리가 그 땅을 사면 어떨까?"

그 말에 정말 놀란 것은 오란이었다.

"뭐요? 땅을 사요?"

"그래, 우리가 사자고!"

왕룽은 목청을 높였다.

"거리가 좀 멀지 않아요? 집에서 가려면 아침 반나절을 가야 할 텐데. 그보다도 작은집 땅을 사는 것이 좋지 않을까요?"

"아니야, 그 땅은 못써. 20년 동안 거름 한 번 주지 않고 농사만 지었지. 땅 속이 모두 석회가루같이 된걸. 아무래도 황 부잣집 땅을 사야겠어!"

왕룽은 오란이 종으로 있던 그 집의 땅을 사서, 오란으로 하여금 그 집에서 대대로 내려오는 소중한 땅의 한 가닥을 사들이는 사람의 아내가 되도록 하고 싶었다.

오란도 그것을 깨달았는지 갑자기 왕룽의 뜻에 찬성을 하였다.

"좋아요! 우리가 그 땅을 사도록 해요. 강 옆에 있으니 물 걱정은 안 해도 되는 땅이라고 합니다."

왕룽과 오란은 한마음이 되어 집으로 돌아왔다.

둘째 아들

왕룽이 지금 사려고 하는 땅은 앞으로의 그의 인생을 크게 바꾸어 놓는다.

왕룽은 벽 속에 숨겨 두었던 은화를 꺼내 황 부잣집으로 갔다.

그 집 주인과 대등한 위치에서 이야기를 주고받는다는 생각만 하여도 가슴이 뿌듯해짐을 느꼈다. 그러나 그 순간이 지나자 후회와도 같은 우울한 기분이 왕룽에게 스며들었다.

굳이 쓰지 않아도 될 돈을 쓰느라고 은화로 가득 찼던 벽의 구멍 속이 텅 비었다는 것을 생각하였기 때문이다.

'땅을 사겠다고 하는 게 공연한 짓이 아닐까? 그냥 되돌아갈까?'

이런 생각까지 들었다.

'결국 이 땅은 또 많은 시간을 두고 노동을 요구하겠지!'

더구나 그 땅은 오란의 말대로 왕릉의 집에서 십 리 이상이나 멀리 떨어져 있었다.

그리고 그 땅을 사들인다는 것은 왕릉이 기대했던 것만큼 그런 영광스러운 일도 아니었다.

대궐 같은 황 부잣집에 도착한 시간이 너무 일러서 영감은 자고 있었다. 물론 그 때는 한낮이었다.

"영감님께 아뢰시오. 왕릉이 매우 긴요한 일로 찾아왔다고 말씀드리시오. 돈과 관계된 일이라고 말이오."

왕릉이 큰 소리로 말하자 문지기도 단호하게 말하였다.

"세상에 있는 돈을 다 나에게 준다고 하여도 그 늙은 호랑이 영감님의 단잠을 깨울 수는 없소. 그 분은 지금 맞아들인 지 사흘밖에 안 된 도화라는 새 첩을 품고 있으니까. 깨우다가 내 목이 떨어져 나가고 싶지는 않소."

문지기는 사마귀에 박힌 털을 잡아당기더니, 심술궂은 투로 한 마디를 더 하였다.

"그따위 은화로 그 분이 깨어나리라는 생각은 아예 하지도 마시오. 태어날 때부터 은화만 만져온 분이니까."

결국 흥정은 집사와 해야 하였다. 집사는 돈이 자기 손을 거쳐가는 사이에 돈푼이나 꽤 주물러 넣는 간교한 사람이었다. 그래서 왕릉에게는 가끔 은화가 땅보다 더 귀하다는 생각이 들었다.

은화가 눈앞에서 유난히도 반짝거렸다.

아무튼 땅은 이제 왕릉의 것이 되었다. 새해 둘째 달, 하늘이 잿빛으로 흐린 어느 날이었다.

왕룽은 땅을 보러 나갔다.

황 부잣집의 그 땅이 왕룽의 땅이 되었다는 사실은 아직 아무도 모르고 있었다.

왕룽은 성의 벽을 둘러싼 못을 끼고 강 쪽으로 누워 있는 그 땅을 보려고 혼자 걸어나갔다. 그 길은 묵직한 느낌을 주는 검은 진흙의 땅이었다.

왕룽은 그 땅의 넓이를 대충 재어 보았는데, 길이가 3백 걸음, 폭이 120걸음이었다.

자세히 보니 황 부잣집의 '황' 자를 새긴 네 개의 돌이 토지의 네 귀퉁이에서 땅을 지키듯 서 있었다.

'그렇구나! 저 돌들을 바꾸어야겠군. 나중에 저 돌들을 뽑아 버리고 왕룽의 이름을 새겨 넣으리라!'

지금으로서는 황 부잣집의 땅을 살 정도로 많은 돈을 벌었다고 소문을 낼 형편이 아니었다. 그러나 나중에 그가 좀더 돈을 벌어들인 다음에는 무슨 일을 하더라도 상관이 없을 것이다.

크고 넓은, 네모 반듯한 땅을 바라보며 왕룽은 한동안 생각에 잠겼다.

'그 부잣집에 사는 사람들에게 이 한 줌의 땅은 아무것도 아닐 테지. 그러나 나에게는 얼마나 소중한 땅인가!'

그 순간 왕룽의 마음은 다시 바뀌어 그 작은 땅덩어리가 그토록 중요하게 여겨지는 자기 자신을 경멸하는 마음이 들었다.

은화를 자랑스럽게 집사 앞에 쏟아 놓았을 때였다.

집사는 두 손으로 아무렇지도 않게 돈을 긁어모으면서 말하였다.

"어쨌거나, 이 정도면 큰마님이 며칠 쓰실 아편 값은 되겠지."

그러자 자신과 황 부잣집 사이를 갈라놓고 있는 격차는 바로 그 앞에 가로놓여 있는, 못에 고여 있는 물처럼 건널 수 없이 크다는 것을 느꼈다. 그리고 저쪽에 우뚝 솟은 황 부잣집은 마치 고색 창연한 성벽처럼 높게만 느껴졌다.

그 때 분노의 결심이 왕룽의 가슴을 메웠다.

황 부잣집에서 더 많은 땅을 사서 지금 이 땅이 왕룽의 눈에 한 치의 땅 정도로밖에 안 보일 때까지 그 구멍 속에 은화를 가득 채우고 또 채우겠다고 그는 속으로 다짐하였다. 그리하여 그 넓지 않은 땅은 어느새 왕룽에게 하나의 지표가 되고 상징이 되었다.

매서운 바람과 함께 비를 머금은 구름이 찢겨 나가면서 봄이 왔다.

겨울 동안 별로 할 일이 없었던 왕룽은 하루 종일 필사적으로 땅을 돌보고 있었다.

그것이 그의 일 전부가 되었다.

어느 날 왕룽은, 오란이 또 아이를 가졌다는 것을 눈치챘다.

처음에는 또 아이를 가졌다는 것이 조금 짜증스럽게 생각되었다. 가을에 아이를 낳으면 추수 일을 못할 것이라고 생각되었기 때문이다. 피곤하기도 하고 신경이 곤두서기도 하여 왕룽은 오란에게 화를 내었다.

"추수 때에 아이를 낳기로 작정을 하였군!"

그러자 오란은 아무것도 아니라는 듯 대답하였다.

"이번에는 아무렇지도 않을 거예요. 첫아이 때만 그래요."

그리고는 더 이상 아무 말도 하지 않았다.

오란의 몸이 무거워지는 것이 왕룽의 눈에 띄기 시작하던 가을 어느 날, 오란은 괭이를 밭이랑에 놓아두고 엉금엉금 기다시피 집으로 들어갔다. 그 때까지 오란은 아무 말도 하지 않았다.

왕룽은 그날 낮에 점심을 먹으러 집으로 들어가지 않았다.

하늘은 금세 천둥이라도 내리칠 것처럼 먹구름으로 뒤덮였는데, 벼는

잔뜩 익어 얼른 추수하여 한 단씩 묶어 주기만을 기다리고 있었다.

해가 지기 전에 오란이 다시 나왔다. 배가 홀쭉하니 들어가 있었다. 그런데도 오란의 표정은 태연하기만 하였다.

왕룽은 거의 충동적으로 말하였다.

"오늘은 그만 해도 되겠어! 들어가 누워 있어."

왕룽은 오란이 아이를 낳는 만큼 자기도 고생하고 있다고 생각하였다.

왕룽은 낫질을 하다 말고 오란에게 물었다.

"아들인가, 딸인가?"

오란은 침착하게 대답하였다.

"아들이에요."

그들은 더 이상 이야기를 나누지 않았다. 그러나 왕룽은 신이 났다. 지금까지 낫질을 계속하느라고 짜증나고 힘들었던 기분이 어디론가 사라져 버린 것 같았다.

왕룽은 달이 자줏빛 구름 위에 얼굴을 내밀 때에야 비로소 일을 끝내고 집으로 돌아왔다. 저녁을 먹고 햇볕에 탄 몸을 씻은 왕룽은 차를 한 잔 마신 뒤 둘째 아들을 보러 방으로 들어갔다.

오란은 어느 새 아이 옆에 누워 있었다. 토실토실하고 순한 아이는 건강하였으나 첫째 아이처럼 크지는 않았다.

왕룽은 아이를 한참 들여다보다가 기분이 흐뭇해진 채 가운데 방으로 갔다.

"해마다 아들을 거푸 낳아 준다면 얼마나 좋을까? 그렇다고 해마다 달걀을 내놓을 수도 없지."

왕룽은 아버지에게 소리를 쳤다.

"아버지! 또 손자가 생겼어요. 이제부터 큰손자는 아버지 침대에 재워 주셔야겠어요."

그 말을 들은 아버지는 그렇게 기쁠 수가 없었다. 벌써 오래 전부터 손자와 함께 잠을 자고 싶었기 때문이다.

"어린아이의 입김을 쏘이면 젊어진다고 그러던데……."

그러나 큰아들은 제 어머니 곁에서 떠나지 않으려 하였다. 큰아들은 아장아장 비틀거리며 어머니 곁으로 걸어가서는, 어머니 옆에 누워 있는 못 보던 아이를 매우 심각한 표정으로 뚫어지게 바라보았다.

그러더니 이제는 다른 아이가 자기 자리를 차지했다는 걸 알아차렸는지 할아버지 곁으로 갔다.

큰아이는 칭얼거리지도 않고 잠을 잘 잤다.

그 해에도 풍년이 들었다.

왕룽은 곡식을 팔아 은화로 바꾸어 구멍 속에 숨겼다. 황 부잣집으로부터 산 논에서 생산된 곡식은 원래 있던 자기의 논에서 나온 곡식의 두 배나 되었다.

삼 촌

이제 황 부잣집의 땅이 왕룽의 것이라는 것을 모르는 사람이 없었다.

"왕룽을 동장으로 뽑자!"

마을에서는 이런 이야기까지 나왔다.

이 무렵부터 왕룽의 걱정거리가 현실로 나타나기 시작하였다. 그것은 삼촌이 틈만 나면 찾아와서 귀찮게 구는 것이었다.

삼촌은, 왕룽이 친조카이므로 자기가 먹고 살기 힘들어지면 왕룽의 신세를 지는 것이 당연하다고 여기고 있었다.

왕룽이 가난했던 시절, 삼촌은 자기 땅을 열심히 가꾸며 일곱 아이와 숙모를 먹여 살렸다. 그러나 삼촌 집 식구들은 너무나 게을렀다. 숙모는 집안이 먼지투성이가 되어도 비질조차 하지 않았고, 아이들도 제 얼굴에 묻은 밥알조차 떼어내지 않을 정도였다.

더 꼴사나운 것은, 시집갈 나이가 된 여자아이들이, 햇볕에 그을고 헝클어진 머리카락을 빗어 넘기지도 않고 거리에 다니면서 가끔 남자들과 허튼 수작을 부리는 것이었다.

그 날도 왕룽은 사촌 누이의 그런 모습을 보고 집안의 수치라고 생각하면서 숙모에게 갔다.

"저 아이는 시집갈 나이가 되지 않았습니까? 그런데 밤낮없이 돌아다니며 남자들과 수작을 부리니 누가 저 아이에게 장가들려 하겠습니까? 조금 전에도 보았어요. 마을의 건달들이 저 아이의 어깨에 손을 얹고 거리낌없이 웃어 대고 있었어요."

그러자 거추장스러운 몸뚱이에 입만 살아 있는 숙모는 오히려 왕룽에게 마구 욕을 퍼부어 댔다.

"그렇지 않으면 누가 지참금과 혼인 비용과 중매쟁이 신발값을 대느냐? 땅이 남아돌아 부잣집 땅도 사들이는 사람이니 무슨 말인들 못할까? 너의 삼촌은 운수가 나쁜 사람이야. 처음부터 그랬으니까. 네 삼촌이 나빠서 그런 것이 아니고 하느님이 점지하시는 것이야. 다른 사람들은 다 좋은 곡식을 거두어들이는데, 네 삼촌만은 뼈가 빠지게 일만 하여도 그 모양이니 어쩔 수 없는 것 아니냐?"

그러더니 숙모는 자기 성질에 못 이겨 머리를 쥐어뜯으며 고래고래 소리를 질렀다.

"내 팔자가 왜 이리 사나울까? 남들은 논에서 벼니, 보리니 하며 잘도 거둬들이는데 우리 집 논밭에는 잡풀뿐이니……. 다른 집은 한 번 지으면 백 년이 가고도 무사한데, 우리 집은 땅이 흔들리고 벽이 무너지는 꼴이니. 다른 집 아낙네들은 아들만 쑥쑥 잘 낳는데, 나는 남자아이를 배도 여자아이만 나와……. 아이고, 빌어먹을 내 신세여!"

숙모가 너무 크게 떠들어대는 바람에 이웃집 여자들이 사립문 밖에 모여들어 무슨 일이냐는 듯 지켜보았다.

그래도 왕룽은 그런 숙모에 아랑곳하지 않고 자기가 생각한 바를 이야기하였다.

"숙모님! 제가 이런 말씀을 드리면 건방지다고 생각할지 모르지만, 딸은 멀쩡할 때 시집을 보내야 합니다. 여자를 아무렇게나 거리에 내놓으면 어디서든지 새끼를 내지른다는 말 듣지도 못하셨습니까?"

왕룽은 이렇게 쏘아붙이고는, 성이 나서 날뛰는 숙모를 내버려둔 채 집으로 돌아왔다.

왕룽은 앞으로도 황 부잣집 땅을 더 사고, 해마다 힘 자라는 데까지 땅을 사들이며 집도 더 늘리고, 늦어도 아들 대에 가서는 큰 지주로 행세할 생각이었다.

그러나 언제까지나 게으른 삼촌 집 식구들이 귀찮게 굴 것이라고 생각하니 마음이 몹시 언짢았다.

다음 날 아침, 삼촌이 들에서 일하는 왕룽을 찾아왔다. 오란은 또 셋째 아이를 가져서 배가 불렀기 때문에 들에 나오지 못하였다.

삼촌은 고개를 푹 숙인 채 밭둑을 걸어왔다. 여느 때와 마찬가지로 옷은 단추도 제대로 채우지 않고 허리끈은 아무렇게나 질끈 동여매고 있었다. 갑자기 바람이라도 불면 옷은 날아가 버리고 벌거숭이가 될 것 같은 차림이었다.

삼촌은 일하는 왕룽을 잠자코 바라보았다. 왕룽은 그런 삼촌을 쳐다보지도 않으면서 퉁명스럽게 한 마디 하였다.

"삼촌 오셨습니까? 저는 지금 쉴 새가 없어요. 콩이 잘 되도록 두 번

세 번 이렇게 뿌리를 돋우어 주어야 하니까요. 저는 게으름뱅이라 일을 무척 더디 한답니다."

삼촌은 왕룽의 말뜻을 알아차리고 몹시 기분이 상하였지만, 부드러운 목소리로 이야기하였다.

"그래, 나는 운수가 사나워서 금년 콩 농사도 헛일이 되었다. 콩 스무 개를 심었는데 겨우 한 뿌리만 나왔으니 그걸 아무리 가꾼들 열매나 거두겠니?"

그리고는 땅이 꺼지도록 한숨만 내쉬었다.

그러나 왕룽은 마음을 굳게 먹었다. 왕룽은 삼촌이 무슨 요구할 것이 있어서 온 것임을 짐작하고 있었다. 왕룽은 정성스럽게 괭이를 움직여 콩밭의 흙을 부수어 나갔다.

삼촌은 매우 조심스럽게 입을 열었다.

"네 숙모한테 이야기를 들으니, 네가 우리 딸아이의 소행을 지적했다고 하더구나! 네 말이 모두 옳다. 너는 나이보다 생각이 깊은 사람임을 안다. 어서 그 아이를 시집보내야 하는데, 나이가 벌써 열다섯 살이라 그냥 내버려두면 3, 4년 안에 엉뚱한 놈의 자식을 낳아서 가문을 망칠지 몰라 그게 걱정이다. 너도 생각해 보렴! 행세깨나 하는 우리 집안에 그런 일이 생기면 얼마나 남부끄러운 일이겠니? 네 아버지와 나는 한 피를 받고 태어난……."

왕룽은 삼촌의 말을 들으면서 괭이를 힘껏 내리쳤다. 마음 같아서는 바른 말을 해 주고 싶은 생각에,

'왜 그 아이를 못 잡아 둡니까? 다소곳이 집 안에 붙들어 두고 청소며, 요리며, 바느질을 시켜야죠. 왜 일을 가르치지 않습니까?'

라는 말이 목구멍까지 올라와 꿈틀거렸다. 그러나 꾹 참고 삼촌의 다음 말을 기다렸다.

그러자 삼촌은 힘없는 목소리로 말을 계속하였다.

"나도 팔자만 사납지 않았다면 네 아버지처럼 좋은 아내도 얻었을 텐데……. 그랬으면 일도 열심히 하고, 아들도 잘 낳고……. 조카며느리도 그렇더구나. 그런데 네 숙모는 뚱보같이 몸만 불어나고, 지겹게도 딸만 낳고, 아들 녀석이라고 하나 있는 것이 게을러 빠져서 있는지 없는지 모르겠고. 나도 그렇지만 않았다면 지금쯤 너처럼 부자가 되었을 텐데……. 만일 내가 네 처지이고, 네가 내 꼴이라면 나는 당장 살림도 나누어 가졌을 것이다. 또 네 딸이 있다면 좋은 곳으로 시집도 보내 주고, 아들은 보증금을 대주어 큰 상점에 점원으로 보냈을 거야. 너하고 나는 한 핏줄인데 이런 것 저런 것 따지겠니?"

왕룽은 삼촌의 말에 이렇게 대답하였다.

"제가 부자가 아니라는 것은 삼촌도 알지 않습니까? 그리고 우리 다섯 식구가 살아가려고 얼마나 애쓰고 있는지 잘 알지 않습니까? 아버지는 연세가 많으셔서 일도 못하시고 날마다 드시기만 하세요. 게다가 며칠 있으면 식구가 또 하나 늘게 됩니다."

그러자 삼촌이 목청을 높였다.

"네가 부자가 아니라고! 그럼, 누가 부자냐? 너는 황 부잣집에 가서 비싼 돈을 주고 땅을 사지 않았느냐? 이 마을에 그런 사람이 너말고 누가 있더냐?"

이 말에 왕룽도 분통이 터졌다. 왕룽은 괭이를 내동댕이치며 삼촌에게 큰 소리를 질렀다.

"저에게 돈이 조금 있다면 그건 저와 제 아내가 뼈빠지게 일한 값입니다. 저희는 어떤 사람처럼 밭에 잡초가 무성하게 내버려두지는 않습니다. 아들을 굶기고, 대문 앞을 한 번도 쓸지 않은 채 노름판이나 드나들며 쓸데없는 말이나 하며 세월을 보내지는 않았어요."

그 순간 삼촌의 손이 왕룽의 뺨을 후려쳤다.

"이 망측한 놈아! 삼촌에게 하는 말버릇이 어찌도 그리 고약하냐? 너는 천륜도 도덕도 모르는 놈이로구나! 이 놈아, 네 아비가 죽으면 내가 네 아비와 같지 않겠느냐!"

이 말을 들은 왕룽은 삼촌에게 조금 죄송한 마음이 들었다.

"삼촌, 잘못했습니다. 무슨 부탁이 있으셔서 오신 건가요?"

그러자 삼촌의 표정도 금세 변하였다. 삼촌은 왕룽의 등을 토닥여 주며 말하였다.

"그래, 너는 역시 내 조카다. 훌륭한 청년이야! 삼촌이 그런 건 네가 미워서 그런 게 아니란다. 못된 딸아이 걱정이 되어 온 것이니 은전 열 닢만 내게 다오!"

왕룽은 삼촌과 함께 집으로 오면서 걱정을 하였다.

'은전을 주면 오늘 놀음판에서 다 날려 버릴 텐데……'

집에 막 들어서자, 오란이 가냘픈 목소리로 말하였다.

"여보, 딸을 낳았어요. 면목이 없어요."

왕룽은 잠시 아무 말도 못하고 서 있다가 은전을 꺼냈다.

"은전을 어디다 쓰려고 그러세요?"

"삼촌에게 빌려 드리려고……."

"빌려 드리기는, 그냥 드리세요."

오란이 왕룽에게 이야기하였다.

삼촌에게 은전을 주고 난 왕룽은 비로소 식구가 또 하나 늘었다는 것을 깨달았다.

흉 년

신은 한 번 사람에게 등을 돌리면 다시는 그 사람을 보살펴 주지 않는 모양이다.

비가 쏟아져야 할 이른봄인데도 비는 오지 않고 날마다 햇볕만 쨍쨍 내리쬐었다.

논밭이 마구 타고 갈라지는데도 신들은 아랑곳하지 않는 것 같았다. 새벽부터 해가 질 때까지 햇빛만 쏟아질 뿐, 구름 한 점 없었다. 밤이 되면 황금빛으로 넘치는 별들이 잔인할 만큼 아름다웠다.

왕룽은 필사적으로 밭을 가꾸었으나 말라붙고 갈라진 밭은 더욱 황폐하기만 하였다. 땅 밑에서는 어린 싹들이 기운차게 고개를 내밀고 나왔지만, 하늘에서는 아무런 기별이 없었다. 그러자 새싹들도 자라기를 멈추고 비를 기다렸다.

왕룽이 처음 볍씨를 뿌렸을 때, 모판은 갈색 땅 위에 네모로 돋아난 비취 판 같았다.

왕룽은 밀농사를 포기한 채 날마다 어깨에 물통을 지고 물을 날라 모판에 부었다. 어깨 살이 패고 나중에는 그 자리에 사발만한 굳은살이 박였는데도 비는 오지 않았다.

드디어 못자리 물도 말라붙어서 진흙 바닥을 드러냈고 우물의 물도 밑바닥으로 줄어들었다.

오란이 왕룽에게 말하였다.

"아이들에게 물을 마시게 해야 하고, 아버님에게도 뜨거운 차를 드려야 해요. 할 수 없이 모를 말려야 할 것 같아요."

"무슨 소리야? 모가 말라죽으면 우리는 모두 굶어죽는데……."

모든 식구들의 목숨이 모판에 매달려 있는 것은 사실이었다.

여름내 비 한 방울 없이 지나가는 것을 본 왕룽은 모든 것을 다 포기했다. 오직 성벽을 낀 연못가의 논에서만 수확을 할 수 있었다. 그것은 여름 내내 왕룽이 물을 져다 퍼부은 덕이었다.

가을에 쌀을 비싼 값으로 팔고 돈을 마련한 왕룽은 바로 황 부잣집으로 달려갔다.

황 부잣집의 집사를 만난 왕룽은 다짜고짜 말하였다.

"연못가의 내 논에 딸린 땅을 사겠소."

그 때 황 부잣집 큰마님은 아편을 사 댈 돈이 없어 날마다 집사를 들볶고 있었다. 그런 때에 땅을 사겠다고 찾아왔으니, 집사가 그 기회를 놓칠 리가 없었다.

집사는 망설일 것도 없이 돈을 맡고 땅문서에 도장을 꾹 찍어 주었다. 땅은 왕룽의 것이 되었다.

왕룽은 이번에도 자기의 살과 피 같은 돈을 털어 주었지만 아깝지가 않았다. 꼭 사고 싶었던 땅을 사들였기 때문에 오히려 마음이 흡족해졌다.

왕룽은 이제 더 넓고 기름진 땅을 갖게 되었다. 새로 산 논은 먼저 산 논보다 두 배나 더 컸다. 그러나 왕룽은 오란에게 그 사실을 이야기하지 않았다.

가을이 다가올 무렵, 비로소 하늘에는 마지못해 작고 가벼운 구름 몇 조각이 몰려들었다.

비를 기다리던 사람들은 모두 안타까운 표정으로 하늘을 쳐다보았다. 그러나 고약한 한 줄기 바람이 일더니 빗자루로 마루의 먼지를 쓸어버리듯 구름 조각을 불어 없애고 말았다.

왕룽은 콩과 옥수수를 조금 거두어들였다. 그가 옥수수 자루를 땔감으로 쓰려 하자, 오란이 말렸다.

"안 돼요! 그냥 잘 두세요. 제가 어렸을 때 산둥 지방에 있었는데, 그 때도 이런 가뭄이 몇 해나 들었어요. 그래서 이런 옥수수 속대를 갈 아서 죽을 만들어 먹었어요. 풀보다는 맛이 나아요."

그 말에 왕릉도 아이들도 할말을 잃어버렸다.

"날씨가 이처럼 계속 가문다는 것은 불길한 징조야."

무서운 것을 모르는 사람은 막내인 딸아이뿐이었다. 갓난아이에게는 아직 실컷 먹일 수 있는 큰 젖이 두 개나 있었기 때문이다.

오란은 딸아이에게 젖을 물리면서 중얼거렸다.

"더 먹어라, 불쌍한 것. 먹을 것이 아직 남아 있을 때 먹어 두렴."

흉년이 들자 마을 사람들은,

"오늘은 무얼 먹고 살지?"

"우리와 우리 아이들은 어떻게 먹고 살지?"

하는 걱정뿐이었다.

왕릉은 그가 돌볼 수 있는 한, 정성을 다하여 황소를 돌보았다. 그는 황소에게 볏짚 조금과 콩대를 섞어 먹였는데, 그것마저 떨어진 다음에 는 겨울이 와서 들에 나가 나뭇잎을 뜯어다 먹였다. 겨울이라 땅을 갈 일도 없었으므로 황소도 풀어놓았다. 제 발로 돌아다니며 먹이를 뜯어 먹게 하려는 생각이었다.

땅에 뿌린 씨앗은 흙 속에서 말라죽고, 남겨 둔 씨앗은 사람들이 모 두 먹어치웠다.

그러나 황소들도 나중에는 뼈만 남아 산송장처럼 말라 버렸다. 그러 던 어느 날, 마지막 남은 쌀까지 모두 떨어지고 밀도 바닥이 났다. 콩 조금과 옥수수가 약간 남아 있을 뿐이었다. 황소는 배가 고파서 울었고, 아버지는 황소를 잡아먹자고 졸랐다.

"애야, 남은 건 저 황소뿐이구나. 잡아먹도록 하자!"

왕룽에게 그 말은 마치 사람을 잡아먹자는 말같이 끔찍하게 들렸다. 황소는 들에서 왕룽의 둘도 없는 친구였다. 그는 황소를 따라다니며 때에 따라서는 칭찬도 해 주고, 욕도 하고는 했었다.

송아지 때 사다가 정성을 쏟아 키운 황소였기 때문에 왕룽에게는 자식과 같이 정이 든 황소였다.

"그 황소를 어떻게 잡아먹겠어요? 또 논밭은 무엇으로 갈고요?"

왕룽이 이렇게 말하자, 아버지는 태연하게 말하였다.

"글쎄다, 너의 목숨이나 아이들의 목숨이 귀하냐, 저 황소의 목숨이 귀하냐? 사람 목숨보다는 황소의 목숨이 귀하냐? 사람 목숨보다는 황소 한 마리 없애는 것이 더 낫지 않겠느냐?"

그러나 왕룽은 아버지의 뜻에 따를 수가 없어서, 그 날은 황소를 잡으려고 하지 않았다. 이튿날도 그냥 넘어갔다.

아이들은 먹을 것을 달라고 아우성이었다. 아무리 달래 보아도 소용이 없었다.

오란은 아이들을 위해서 애원하는 눈길로 왕룽을 바라보았다. 왕룽도 이제는 할 수 없이 일을 저질러야겠다고 생각하였다.

왕룽은 퉁명스럽게 말하였다.

"그래, 황소를 잡자! 그런데 차마 내 손으로는 못 하겠다."

왕룽은 그렇게 말하고 자기 방으로 들어가서 침대에 벌렁 누웠다. 그리고 황소가 죽을 때 마지막으로 울부짖는 소리를 듣지 않으려고 누비 이불을 뒤집어썼다.

오란은 슬그머니 부엌으로 나가 큰 칼을 집어들더니 황소의 목에다 큰 칼자국을 내어 황소의 목숨을 끊었다.

오란은 흐르는 피를 큰 그릇에 받았다. 선지로 국을 끓여서 식구들에게 줄 생각이었다. 그녀는 소의 가죽을 벗기고 거대한 몸통을 끊어 토막을 쳤다.

 그날 밤, 선짓국을 끓이고 쇠고기를 삶아 식구들을 배부르게 먹였다.

 동네 사람들은 모두 굶어죽을 지경이었다.

 "왕룽의 집에는 먹을 것이 있을 것이다. 가 보자!"

 어느 날, 동네 사람들이 몽둥이를 들고 왕룽의 집으로 몰려들었다.

 "숨겨 둔 식량을 우리에게 나누어 달라!"

 동네 사람들이 막무가내로 떼를 쓰자 오란이 나서서 말하였다.

 "여보세요, 당신들이 몇 차례나 와서 다 뒤져보지 않았습니까? 남은 것도 다 빼앗아 갔는데 무엇이 또 남아 있다는 건가요?"

 동네 사람들은 왕룽의 집 구석구석을 뒤졌으나 아무것도 나오지 않았다. 그러자 식탁과 침대라도 내다 팔겠다고 야단이었다.

 "그건 말도 안 돼요. 우리가 뭐 죄인인가요? 팔려거든 당신네들 것이나 갖다 파세요. 남의 식량까지 빼앗아 간 당신들이 아닙니까? 만일 우리 가구에 손을 댄다면 하늘이 천벌을 내릴 겁니다. 우리 그러지 말고 힘을 모아, 먹을 뿌리라도 찾아 같이 살기로 해요."

 오란의 말을 들은 동네 사람들은 모두 고개를 숙였다.

 왕룽은 마당으로 나와 하늘을 쳐다보았다.

 '땅을 사 두기를 정말 잘했구나! 은돈을 숨겨 두었더라면, 지금쯤 다 빼앗겼을 테지. 그러나 돈 대신 나에게는 땅이 있다. 하늘이여, 비를 내려 주소서.'

하늘이 내리는 천벌

 왕룽은 멍하니 하늘을 쳐다보다가 문득 생각을 고쳐먹었다.

 "이러다가는 모두들 굶어죽겠다!"

몸은 여위다 못해 날마다 허리끈이 줄어들었다.

"천벌을 받기로소니 이보다 더한 벌이 또 어디 있으랴!"

어느 날 왕룽은 굶주림에 지친 다리를 이끌고 들 가운데 있는 서낭당에 가서 여신과 짝지어 있는 지신의 얼굴에 마음껏 침을 뱉어 주었다. 집에 온 왕룽은 식구들이 모두 누워 있는 것을 보고 기가 막혔다.

그들은 옥수수대를 갈아 만든 가루로 죽을 쑤어 먹었다. 그리고 산이나 들로 헤매 다니며 닥치는 대로 풀뿌리도 캐어 먹었다. 넓은 천지에 소나 닭, 그 밖의 짐승이라고는 그림자도 없었다.

아이들의 배는 먹는 것이 없어도 자꾸만 불러 갔다. 그토록 토실토실하던 아이들도 이제는 피골이 상접해서 배만 산처럼 부풀었고 뼈만 앙상하게 남았다.

어느 날, 왕룽은 이도 나지 않은 어린 딸이 방긋 웃는 것을 보고는 눈물이 났다. 왕룽은 문 밖으로 나와 황무지가 되어 버린 앞뜰을 내다보았다.

이런 곤란함 속에서도 왕룽은 아버지를 극진히 모셨다. 무엇이든 먹을 것이 생기면 아이들보다 아버지에게 먼저 드렸다. 그리고 아버지는 그것을 손주들에게 나누어 주었다. 어느 날, 아버지는 떨리는 목소리로 이야기를 하였다.

"이보다 더 심한 흉년도 있었단다. 그 때는 너무 혹독한 흉년이었는데, 나는 부모가 자식을 잡아먹는 것도 보았단다!"

"아버지, 사람이 어떻게 그럴 수가 있나요? 우리는 죽어도 그런 짓은 못합니다."

왕룽은 너무나 무서워서 말도 제대로 나오지 않았다.

하루는 송장같이 뼈만 남은 진 서방이 찾아왔다.

"성안에서는 개까지 잡아먹는다네. 말이나 닭은 벌써 다 잡아먹고,

농사지을 소랑, 풀이랑, 나무껍질까지 다 먹어 버렸으니 앞으로 무얼 먹고 살아야 하나?"

그 말을 들은 왕룽은 절망에 빠져서 고개를 흔들었다. 그는 너무 말라서 해골같이 된 아이를 가슴에 안고 있었다.

진 서방은 더 가까이 다가서며 이야기를 하였다.

"우리 마을에도 사람을 잡아먹는 사람이 있는 모양이야. 자네 삼촌과 숙모가 그렇다는 이야기가 있네! 그 집에는 벌써부터 아무것도 없었는데, 무엇으로 목숨을 이어가겠는가?"

왕룽은 갑자기 무서워졌다. 그는 자리에서 벌떡 일어나 소리쳤다.

"이 곳을 떠나야겠어. 북쪽은 어디를 가나 마찬가지야. 남쪽으로 가야겠어. 하느님이 아무리 대단하다고 해도 한 민족을 한꺼번에 굶겨 죽여 멸망시킬 수는 없을 거야."

"그래, 자네는 가게. 젊으니까……."

"그렇지만 진 서방이 나보다 팔자가 더 좋아. 나는 노인도 계시고, 자식도 셋이나 되고, 또 곧 낳을 아이도 있으니 정말 어디라도 가지 않으면 미친개라도 잡아먹게 될 것 같아!"

왕룽은 오란을 불렀다.

"여보, 우리 남쪽으로 가 볼까?"

오란은 겨우 입을 열었다.

"그래요! 죽더라도 거닐다가 죽게……. 하지만 내일까지만 기다려 주세요. 아기가 꿈틀거리는 동작이 아무래도 곧 낳을 것 같아요."

왕룽은 그 말에 가슴이 더욱 쓰렸다.

왕룽은 팥 몇 알을 입에 넣어 씹다가 어린 딸의 입에 넣어 주었다.

그날 밤, 오란은 네 번째 아이를 낳기 위하여 진통을 시작하였다.

"하필이면 이런 때 아이를 낳다니……. 자비로우신 하느님의 덕택으로 제발 사산이라도 했으면……."

왕룽이 이런 생각을 하고 있는데, 아이의 울음소리가 들려왔다. 그런데 잠시 후 울음소리가 뚝 그치며 조용해졌다.

"여보, 어찌된 일이오?"

왕룽이 놀라며 방으로 들어갔다. 오란은 힘없이 대답하였다.

"죽었어요."

오란의 말을 들은 왕룽은 한 줌밖에 안 되는 새 생명의 사체를 살펴보았다. 그것은 너무 여위어서 뼈만 남아 있는 딸아이였다.

왕룽은 아무 말 없이 죽은 아이를 안고 나가 거적에 싼 뒤 멀리 가서 무덤이 있는 곳 옆에 묻어 주었다.

다음 날 아침, 변함 없이 태양은 떠올랐다.

왕룽은 어린 자식들과 늙은 아버지, 쇠약해진 오란을 데리고 이 곳을 떠날 생각을 하니 아득하였다.

설령 가는 곳이 살기에 좋다고 하여도 거의 죽어 가는 사람들이 수백 리 길을 갈 수 있을 것 같지 않았다. 더구나 남쪽에는 곡식이 흔할 것이라고 장담할 수도 없었다.

비를 잊어버린 이 구릿빛 하늘은 가도가도 끝이 없다고들 하던데, 결국은 마지막 남은 힘을 걷는 데 다 쏟아 버리고 역시 굶주린 사람들이 우글거리는 낯선 곳에서 쓰러져 버리지나 않을까 왕룽은 걱정이 되었다. 그럴 바에는 차라리 침대 위에 가만히 누워서 죽는 것이 낫다는 생각이 들었다.

이리하여 극도의 절망에 빠진 왕룽은 대문 앞에 앉아서 바람만 불고 말라서 황무지가 된 전답을 바라보고만 있었다.

그 전 같으면 먹을 양식이며 땔감들은 일을 하기만 하면 얼마든지 거두어들일 수 있었다. 왕룽은 이제 가진 돈도 없었다. 동전마저 전부 긁

어 써 버린 뒤라 남아 있는 돈이 있을 수 없었다.

더구나 돈이 몇 닢 남아 있다 하여도 식량이 없으니 살 수조차 없었다. 그러니 돈이 있어도 쓸모가 없었다.

성안에는 곡식을 쌓아 두고 부자에게만 비싼 값에 팔아먹는 사람이 있다고 하지만, 그런 소리도 믿을 것이 못 되었다.

배고프다고 위가 소리를 내면서 괴롭힌 것도 처음 한동안뿐이고, 이제는 그런 고비도 지나가 버린 지 오래였다.

그들은 벌써 며칠째 밭의 흙을 떠다가 물에 풀어서 먹었다. 그것을 아이들에게도 먹였다.

여러 날을 그렇게 견딜 수는 없지만, 흙에도 양분이라는 것이 조금 있으니까 며칠 정도는 요기가 되었다.

이런 와중에도 오란은 자기 손에 들어 있는 팥알 몇 개만은 손을 절대 대지 않았다. 이따금 오란이 팥알을 하나씩 씹을 때마다 나는 그 소리를 들으면 왕룽은 그래도 마음이 조금은 풀어졌다.

그 뒤, 왕룽은 모든 희망을 잃어버리고 문간에 앉아서 고요히 침대에 누워 잠든 듯이 죽어 버리는 허망한 일을 생각하고는 하였다.

어느 날, 삼촌이 낯선 사람들과 함께 오는 것이 보였다.

"오랜만이구나! 그래, 어떻게 살아가니? 네 아버님도 무고하시냐?"

삼촌의 목소리는 높고도 우렁찼다.

왕룽은 삼촌을 유심히 바라보았다. 여위기는 하였으나, 자기처럼 굶주림에 지친 빛은 보이지 않았다.

왕룽은 지쳐 버린 몸뚱이에서 최후의 힘이 솟아 삼촌에 대한 분노가 타오르는 것을 느꼈다.

"삼촌은 어떻게 지내시나요?"

"우리 집에 가 보아라. 쥐뿔도 먹을 게 없단다. 너도 알다시피 그 피둥피둥하게 살이 쪘던 네 숙모도 꼬챙이처럼 말라 버렸다. 아이도 넷만 남았다. 어린것들 셋은 죽었고…….”

“그래도 삼촌은 무언가 드시나 봅니다.”

왕룽은 궁금해서 물어보았다.

“먹기는……. 나는 언제나 큰집 걱정뿐이다. 오늘도 그래서 왔단다. 여기 오신 양반들에게 이 마을 땅을 사게 도와드리기로 하고 얼마간 음식을 얻어먹었단다. 그리고 제일 먼저 조카인 너의 땅을 보러 온 거야. 땅을 팔면 돈이 생기고, 돈이 있으면 음식이 있고, 그러면 생명을 지킬 수 있지 않겠니?”

그러나 왕룽은 태연하게 앉아 있기만 하였다. 왕룽은 혈색 좋은 그들이 갑자기 미워졌다.

“우리는 흙을 물에 풀어 먹고 사는데, 그런 우리를 도와주지는 못할망정 땅을 사러 다니다니…….”

왕룽은 이렇게 중얼거리고 나서 단호하게 이야기하였다.

“저는 절대로 땅을 팔 수가 없어요.”

그때 왕룽의 둘째 아들이 무릎으로 기어 나왔다.

“오, 가엾어라! 저 아이도 네 아이냐?”

그 말에 왕룽은 설움이 복받쳐서 울음을 터뜨렸다.

“값은 얼마나 주겠소?”

왕룽은 마침내 마음이 움직였다.

“제일 비싼 값으로 쳐주겠소! 열 마지기에 동전 백 닢 주겠소.”

“뭐라고요? 그 곱절이나 주고 산 땅을 거저 뺏으려고 하다니!”

“당신도 그 땅을 살 때 그렇게 사지 않았소?”

“듣기 싫소! 나는 땅을 팔지 않겠소. 흙을 파서 먹다가 죽는다 해도 저 땅에 묻을 것이오.”

그 때 오란이 나오면서 말하였다.

"땅을 팔 수는 없어요. 그 대신 가구를 팔겠어요."

"그까짓 것! 쓰레기 같은데, 은전 두 닢이면 되겠소?"

"그건 침대 하나 값도 안 되지만, 있으면 내놓고 가져가도록 해요."

그들은 오란의 손에 은전 두 닢을 주고는 침대를 들어내었다.

"은전 두 닢이라도 있을 때 남쪽으로 가요."

"가지!"

왕룽은 침통한 목소리로 말하였다.

남쪽 지방으로

할 일이라고는 하나도 없었다. 나무로 깎은 돌쩌귀에 박힌 문을 꽉 잡아당겨 닫고 쇠고리를 걸어 잠갔다. 옷가지라고는 모두 몸에 걸친 것이 전부였다.

오란은 아이들에게 각각 밥통 하나와 젓가락을 건네주었다. 어린 아들들은 음식이 담길 것을 약속이라도 해 주는 듯이 신이 나서 받아들며 밥통을 꼭 껴안았다.

그들은 밭을 가로질러 정든 마을을 떠났다. 어찌나 느리게 움직이는지 피곤한 그 작은 행렬은 도저히 도시의 성벽이 있는 곳까지 갈 수 있을 것 같지 않았다. 왕룽은 딸을 안고 가다가 아버지가 금방이라도 쓰러질 것처럼 보이자, 딸을 오란에게 넘겨준 뒤 허리를 숙여 아버지를 등에 업고 걸었다.

너무나 말라서 불면 날아갈 것 같은 아버지의 몸인데도 그의 등에 얹혀지자 쇠약해진 왕룽은 휘청거렸다.

그들은 그들 앞을 지나가는 그 무엇도 거들떠보지 않는 두 개의 작은 지신이 모셔져 있는 서낭당 앞을 소리 죽여 빠져나갔다.

왕룽은 살을 에는 찬바람 속에서도 기운이 없어서 자꾸만 땀을 흘렸다. 그 바람은 하필이면 그들을 애먹이듯이 정면으로 불어왔다. 그칠 줄 모르고 불어오는 바람을 안고 걸어가자니 고통이 이만저만이 아니었다.

두 아들은 춥다고 울음을 터뜨렸다. 그러나 왕룽은 그들을 달래면서 이렇게 말하였다.

"너희는 이제 어엿한 어른이다. 그래서 남쪽으로 여행을 하는 거야. 거기 가면 날씨가 따뜻하고 날마다 먹을 것이 있어. 우리 모두 매일같이 하얀 쌀밥을 먹을 수 있어. 그럼, 먹을 수 있고말고……."

조금 가다가는 또 쉬면서 마침내 그들은 성문에 도착하였다. 한때는 왕룽이 기분 좋게 땀을 식히던 곳이었으나, 찬 겨울바람이 사납게 불어오는 통로에서 왕룽은 이를 악물었다.

성벽 사이로 얼음 같은 찬물이 쫙 쏟아지는 듯하였다. 발바닥이 닿는 길은 얼음이 바늘 끝처럼 뾰족하게 솟아올라 어린아이들은 제대로 걷지를 못하였다.

오란은 자기 몸 하나도 가누지 못한데다 딸까지 업고 있어 쩔쩔매고 있었다.

왕룽은 비틀거리며 아버지를 업어 건네 놓고는 다시 돌아와서 아이들은 하나씩 들어 옮겼다.

모두 옮기고 나니 땀이 비 오듯 쏟아지고 온몸의 기운이 쑥 빠졌다. 왕룽은 눈을 감은 채 숨을 헐떡이며 오랫동안 축축한 벽에 기대어 서서 기운을 차려야만 하였다.

가족들은 부들부들 떨면서 왕룽을 에워쌌다.

이제 그들은 황 부잣집 대문 가까이 왔다. 그러나 그 집 문은 굳게 잠겨 있었다.

솟아오른 두 쇠문은 높다란 저 끝까지 맞물려 있고 양쪽으로 찬바람을 그대로 맞으며 회색 사자가 한 마리씩 버티고 서 있었다. 대문 계단 위에는 남루한 차림의 남녀 몇 사람이 웅크리고 앉아, 굳게 닫히고 빗장이 걸린 대문을 굶주린 눈으로 노려보았다.

왕룽이 가족을 거느리고 매우 초라한 모습으로 그 앞을 지나가고 있는데, 한 사람이 꽤 날카로운 목소리로 소리를 질렀다.

"이 돈 많은 놈들의 마음은 귀신의 마음처럼 쌀쌀맞아. 먹던 쌀이 아직도 많아서 안 먹는 쌀로는 여전히 술을 빚고 있다고 하지 뭔가. 우리는 쌀 한 톨이 없어서 굶어 죽고 있는데 말이야."

또 한 사람이 신음 소리를 내듯 말하였다.

"아이쿠, 이 손에 잠시나마 힘이 생긴다면 내가 죽는다고 하더라도 이 문과 이 집채들, 그리고 그 안에 있는 안뜰에다가 몽땅 불을 지르겠어. 황가의 자식을 낳은 연놈에게는 천벌이 떨어질 게다!"

그러나 왕룽의 귀에는 이런 소리 따위는 아무런 소용이 없었다. 왕룽은 이런 소리에 아무런 대꾸도 하지 않고 말없이 남쪽을 향하여 가족들을 데리고 나아갔다.

시내를 빠져 나와 성문 남쪽으로 나오니까 어찌나 느리게 걸었는지 벌써 저녁이 되어 어두워지기 시작하였다.

많은 사람들이 떼를 지어 남쪽으로 걸어가고 있었다.

'어느 쪽 구석에서 잠을 자야 좋을까?'

왕룽은 이런 생각을 하고 있었다. 그 순간 왕룽은 그와 그의 가족이 인파에 휩싸이고 만 것을 깨달았다.

그는 갑자기 자기 앞으로 밀고 들어오는 한 사나이에게 물었다.

"이 많은 사람들이 모두 어디로 가는 겁니까?"

그러자 그 사나이가 대답하였다.

"우리도 먹을 것이 다 떨어진 사람들이오. 남쪽으로 떠나는 기차를 타려고 그러는 것이오. 저 건물 뒤에서 떠나는데, 우리 같은 사람은 은전 한 닢 내지 않아도 태워줄 차들이 있다고 하오!"

"기차라니!"

왕룽도 그런 게 있다는 소리를 들어 보았다. 승객을 태우는 차량들이 쇠줄로 연결되어 있고, 그것들은 사람이나 짐승이 아니라 용이 숨쉬듯 불을 내뿜는 기계가 끌어당긴다는 이야기를 그는 오래 전에 찻집에서 들은 적이 있었다.

왕룽은 쉬는 날을 잡아서 구경을 해 보아야겠다는 생각을 하였으나, 북쪽으로 멀리 떨어져 있는데다가 이 일 저 일, 그리고 밭일에 얽매여 지내다 보니 구경할 시간조차 없었던 것이다.

그리고 또 언제나 우리가 알지 못하는 것이나 이해할 수 없는 것을 믿지 않는다는 불신감도 작용하였을 것이다. 그날 그날 살아가는 데 필요한 것보다 더 많은 것을 안다는 것은 별로 좋지 못한 일이라고 여겼던 것이다.

그렇지만 지금은 사정이 달랐다. 왕룽은 오란을 향하여 자신 없는 목소리로 물었다.

"그럼, 우리도 기차를 타러 갈까?"

그들은 사람들의 물결에서 조금 떨어져 아버지와 아이들을 끌어당기며 불안스럽게 표정을 살폈다.

그 순간 아버지는 늙은 몸을 못 이겨 아예 땅바닥에 주저앉았다. 여기저기 사람들이 밟고 지나가는데도 아이들은 땅바닥에 누워 버렸다.

오란은 아직까지 딸을 안고 있었으나, 팔에 힘이 없어 아이는 팔에서 축 처져 있었다. 딸은 축 늘어진 채 눈을 감고 있었는데, 그 얼굴에 사색이 감돌았다.

왕룽은 모든 것을 잊어버리고 소리를 질렀다.

"그 아이가 죽은 건가?"

오란은 머리를 저었다.

"아니에요. 아직은 숨을 쉬고 있어요. 무슨 수를 쓰지 않으면 오늘밤을 못 넘길 것 같아요. 그리고 우리 모두……."

오란은 이렇게 말하고는 더 이상 말을 잇지 못하였다. 그녀는 더 이상 아무 기력이 없다는 표정으로 왕룽을 바라보았다. 네모난 오란의 얼굴은 피곤이 쌓여, 이제는 비쩍 말라 버렸다.

왕룽은 대답도 못하고 속으로 생각해 보았다.

'이렇게 하루를 더 걷는다면 우리는 모두 죽어 버리고 말 것이다!'

그래서 왕룽은 되도록 명랑한 목소리로 말하였다.

"애들아! 모두 일어나서 할아버지가 일어나시도록 도와 드려야지. 이제 우리는 기차를 타고 남쪽으로 갈 거야."

그러나 그들이 정말 움직일 수 있는지 없는지는 아무도 몰랐다.

그런데 그때 갑자기 암흑 속에서 용의 노한 음성처럼 천둥 같은 소리가 나더니, 불을 뿜는 두 개의 큰 눈알이 보이자마자, 모든 사람들이 소리를 지르며 그 쪽으로 몰려갔다.

그 혼잡 속에서 그들은 이리 밀리고 저리 밀리며 앞으로 나아갔다. 언제나 서로 떨어지지 않으려고 필사적으로 서로를 붙들었다.

그들은 그렇게 떠밀려서 어둠 속으로 들어섰고, 여러 사람들이 고함치며 울부짖는 가운데 작은 문이 열린 곳으로 올라가 상자처럼 생긴 방 안으로 들어섰다.

그리고 그들을 실은 기차는 끊임없이 소리를 지르며 어둠 속으로 달렸다. 그 많은 사람들을 네모난 커다란 상자 속에 집어넣은 채, 어둠을 뚫고 달렸다.

구 걸

왕릉은 은전 두 닢으로 몇백 리 차비를 냈는데, 차장은 그것을 받고 동전 한 줌을 거스름돈으로 내주었다.

기차가 다음 정거장에 머물자 행상인들이 함지박에 여러 가지 물건을 담아서 팔고 있었다.

왕릉은 동전 몇 개를 꺼내 빵 네 개와 딸에게 먹일 죽 한 그릇을 샀다. 그들이 이처럼 한꺼번에 많은 음식을 가진 것은 정말 오랜만의 일이었다. 그들은 오랫동안 굶었기 때문에 음식을 입에 넣어도 식욕이 당기지 않았다.

어른들은 아이들을 어르고 달래서 겨우 먹일 수 있었다. 그러나 아버지는 이도 없는 잇몸으로 끈기 있게 우물거려야 했다.

"아무래도 사람은 먹어야 사는 법이야."

아버지는 기차가 흔들릴 때마다 어깨를 부딪는 옆 사람에게 다정하게 말을 걸었다.

"오랫동안 일을 시키지 않은 탓에 위가 아주 게으름뱅이가 되어 버렸다오. 그러나 아무래도 일을 시켜야지. 그 놈이 일하기 싫어한다고 내가 죽어 버릴 수는 없지 않소?"

그 소리를 듣고 여러 사람들이 웃었다.

왕릉은 있는 대로 돈을 털어서 음식을 사 먹지 않고, 될 수 있는 대로 아껴서 남쪽에 내려간 뒤 움막이라도 지을 재료를 사야겠다고 생각하고 있었다.

기차 안에서, 남쪽을 다녀 본 사나이가 지껄였다.

"먼저 거적 여섯 장을 사야 하오. 값은 한 장에 두 푼씩이오. 시골뜨기에게는 한 장에 세 푼씩 받아요. 그 다음에는 거적으로 움막을 얽

어맨 뒤, 얼굴에 진흙을 좀 바르고 가엾은 꼴을 하고서 거리로 나서는 수밖에 없지요."

왕룽은 생전에 바가지를 차고 거리를 쏘다녀 본 일이 없었으므로 아무래도 내키지 않았다.

"동냥질을 하지 않고서 살아갈 방도는 없나요?"

"없소! 우선 먹는 것이 제일 급하지 않소? 먹고 배가 불러야 그 다음에 무슨 일이든 생각할 수 있지 않소. 남쪽 사람들은 쌀이 흔해서 아침마다 큰 가마솥을 걸어 두고 흰죽을 쑤어서 누구든지 동전 한 닢만 내면 배불리 먹게 한다오. 그런 뒤에 동냥질을 해 가지고는 두부랑 배추랑 마늘을 사면 그럭저럭 입에 풀칠은 할 수 있소."

왕룽은 그 말에 귀가 번쩍 뜨였다.

"다른 일거리는 없소?"

왕룽은 사지가 멀쩡한 사나이가 동냥질을 어찌 하겠나 싶었다.

"그야, 일을 하고 싶거든 인력거를 끌면 되지. 그것보다는 동냥질하는 것이 더 편하다니까 그러네."

왕룽은 그 말만 들어도 큰 도움이 되는 것 같았다. 기차가 종착역에 닿아서 땅 위로 손님들을 모두 내려놓았을 때, 왕룽은 벌써 앞으로 살궁리를 나름대로 생각해 놓았다.

왕룽은 오란에게 식구들을 맡기고 거적을 사러 나섰다. 왕룽은 거적 여섯 장을 살 때 값을 잘 아는 듯한 표정으로 돈을 내주었다. 그리고는 거적을 둘둘 말아서 어깨에 메고 돌아왔다.

식구들은 모두 낯선 곳이라 겁을 집어먹고 있는 것 같았다. 아버지는 왕룽에게 이런저런 말을 하였다.

"이곳 사람들은 얼마나 살이 쪘는지⋯⋯. 모두 살결이 하얗고 기름기가 번질거리는 걸 보니 날마다 고기를 먹는가 보다."

왕룽은 움막 지을 곳을 찾아보았다. 높다란 담에 등에 붙은 파리처럼 움막들이 다닥다닥 붙어 있었다. 그러나 왕룽은 어찌해야 좋을지 몰라 우두커니 서서 바라만 보았다.

"그건 제가 하겠어요. 전에 해본 경험이 있어요."

오란이 나섰다.

오란은 거적을 이리저리 꿰어 맞춰서 사람들이 들어앉아도 머리가 천장에 닿지 않을 만한 높이로 둥근 지붕을 만들고, 벽 대신으로 드리운 거적은 가까이 있는 벽돌 조각을 주워다 끝을 당겨 눌러 놓았다.

그리고 아들들을 시켜 벽돌을 더 주워 오게 한 후, 남은 거적 한 장을 바닥에 깔고 모두 들어앉으니, 움막이 제법 훌륭하였다.

우선 남쪽 도시는 넉넉한 살림을 하는 것 같았고, 굶주리는 사람이 없어 인심이 후할 것 같아 안심이 되었다.

"자, 이제부터 먹을 것을 찾아 나서자."

왕룽이 이렇게 말하자 모두들 밝은 얼굴로 움막을 나섰다.

높다란 담 끝에는 굶주린 사람들에게 음식을 싼값에 파는 취사장이 있다는 것을 알았다. 사람들이 몰려가자 왕룽의 식구들도 따라갔다.

거적으로 만든 큰 집이 두 채 서 있었는데, 그 안에는 가마솥이 걸려 있었다. 나무 뚜껑을 열자 가마솥 안에서는 죽이 부글부글 끓고 있었다.

"세상에! 이토록 냄새가 구수할 수 있을까?"

서로 먼저 떠먹으려 하자 젊은 사나이가 버럭 소리를 질렀다.

"죽은 얼마든지 있으니, 차례를 지켜서 와!"

왕룽은 죽을 배불리 먹고도 남자, 집으로 가지고 가려 하였다.

"안 돼! 여기서는 얼마든지 먹어도 좋아. 하지만 뱃속에 넣고 가란 말이야. 들고 가는 것은 절대로 안 돼!"

왕룽은 이상해서 물어보았다.

"뱃속에 넣고 가건 들고 가건 돈 주고 산 음식인데 무슨 상관이오?"

"그건 규칙을 몰라서 하는 소리야. 이 죽은 가난한 사람들을 위한 것인데, 어떤 사람은 그걸 가지고 가서 돼지에게 먹인단 말이야."

왕룽은 그 말을 듣고 너무나 놀랐다. 그는 혼잣말처럼 중얼거렸다.

"아니, 세상에 그런 몹쓸 놈들도 있나?"

왕룽은 다시 물었다.

"그런데 누가, 무엇 때문에 가난한 사람들을 이렇게 대접하오?"

"이 도시 부자 양반들이 하는 일이라오. 좋은 일 많이 하고 천당에 가려고 그런다오. 또 어떤 사람은 좋은 일 한다는 칭송을 듣고 싶어서 한다고 하오."

"그것 참 좋은 일이군요. 세상에는 그처럼 훌륭한 사람도 있군요."

왕룽이 감탄하였으나, 그 사나이는 일일이 대답하기 싫다는 표정으로 돌아섰다.

왕룽의 식구들은 모처럼 배불리 먹었기 때문에 졸음이 밀려와 다음 날 아침까지 단잠을 잤다.

다음 날 아침, 마지막 동전을 털어 배불리 먹고 난 왕룽은 당장 돈벌이를 해야 하였다. 그러나 왕룽은 어찌해야 할 바를 몰라 오란을 바라보았다.

오란이 입을 열었다.

"제가 아이들하고 나가겠어요. 아버님도 하실 수 있어요. 우리를 보고 그냥 지나갈 사람은 없을 거예요."

오란은 아이들을 불렀다.

"자, 이렇게 하는 거야!"

그러면서 빈 사발을 들고 애처로운 목소리로 읊었다.

"거룩하신 서방님, 거룩하신 마나님, 도와주세요. 배고픈 아이에게 한 푼만 적선해 주십시오."

아이들은 어머니의 얼굴을 의아한 표정으로 바라보았다. 왕룽도 넋을 잃고 오란을 바라보았다.

'이 여자는 정말 별다른 삶을 다 경험했구나!'

왕룽은 이렇게 느꼈다.

그리하여 왕룽을 뺀 다섯 식구가 빈 사발을 들고 구걸을 나갔다.

오란은 거리에 사람이 지나갈 때마다 어린 딸과 함께 사발을 흔들며 구걸하였다.

"거룩하신 서방님, 마나님! 도와주세요. 아니면 이 아이는 죽습니다."

얼마 가지 않아서 아이들은 구걸하는 것을 장난처럼 하였다. 오란은 아이들을 집으로 데려가 야단을 쳤다.

"굶어 죽겠다면서 웃는 놈이 어디 있어? 그게 굶어 죽겠다는 시늉이 냐, 장난이지!"

왕룽은 거리에 나가서 이곳 저곳 수소문해서 인력거 세놓은 곳을 알아냈다.

며칠 후, 왕룽은 인력거를 끌기 시작하였다.

처음에는 힘도 들고 서툴러서 무척 고생을 하였다. 그는 골목 안에서 연습도 해보았다.

노인을 태우고 학교까지 갔더니 은전 한 닢을 주었다. 그 돈을 동전으로 바꾸었더니 스물여섯 닢이나 되었다. 돈을 바꾸어 준 사람이 왕룽에게 물었다.

"얼마 받기로 하고 태워다 주었소?"

"그냥 태워다 주고 돈을 받았소!"

"이런 바보! 그 영감은 구두쇠요. 반 값밖에 못 받은 것이오. 앞으로는 돈부터 정하고 태워다 주시오.”

저녁에 돌아와 보니 오란은 쇠전 마흔 닢을 벌어 왔다.

동전으로 바꾸면 다섯 닢도 못 되지만 그 밖에 큰아들이 여덟 닢, 작은아들이 열세 닢을 얻었으므로 모두 합치니 내일 아침 밥값으로는 넉넉하였다.

아들의 도둑질

왕룽은 이제 배가 너무도 고파서 속이 쓰리던 고비는 넘겼다. 아이들이 매일 먹을 양식도 있었다.

왕룽의 노동과 오란의 구걸만으로도 식구들이 먹고 살 수 있었다.

그런 생활을 처음 시작할 때의 낯선 느낌은 사라지고, 이제는 그 언저리에 붙어서 생계를 꾸려나갈 수 있게 되자, 이 도시가 어떤 곳인가를 차츰 알게 되었다.

날마다 하루 종일 도시 안을 달리면서 나름대로 이 도시를 배워 나갔다. 이 구석 저 구석의 비밀도 보았다.

아침에 인력거를 타는 여자는 장을 보러 가는 여자이고, 남자는 학교나 직장에 가는 사람이라는 것도 알게 되었다.

그러나 학교가 어떤 곳인지는 알아볼 도리가 없었다. 다만 학교 이름이 서구 대학 또는 중화 대학이라는 것밖에 알지 못하였다.

왕룽은 교문 안으로 들어가 본 적이 한 번도 없고 누구에게 물어본 적도 없었다.

또 직장 앞까지 태워다 주면 손님이 알아서 내렸을 뿐, 무엇을 하는 곳인지 잘 몰랐다.

인력거를 태워다 주고 돈만 받으면 그 이상은 알 필요가 없었다. 그리고 밤이면 남자들을 큰 찻집이나 유흥 장소로 태워다 주었다.

음악 소리와, 나무 탁자 위에 떨어지는 상아 패나 대나무 패의 소리가 거리까지 흘러나오는 공개 유흥장이 있었고, 벽 뒤에 숨어서 조용히 은밀하게 진행되는 비밀 유흥장도 있었다.

그렇지만 왕룽은 자신이 그런 쾌락과는 거리가 멀다고 생각하였기에 마음에 두지도 않았다. 오직 자기의 움막 이외에는 어느 집 문턱도 넘어 본 일이 없었다.

왕룽에게는 그 도시의 생활이 마치 큰 부잣집 안에 들어와서 숨어 사는 쥐처럼 서먹서먹하고 두려웠다.

부자들이 버리는 음식 찌꺼기나 주워먹으면서 여기 숨고 저기 숨을 뿐, 결코 남의 집 살림살이에 직접 관여해 볼 상황이 전혀 아니었던 것이다.

왕룽과 오란은 남쪽 도시에서 사는 것이 마치 낯선 외국에서 사는 것 같았다. 거리를 오고가는 사람들이 왕룽과 그의 가족 모두처럼 검은 머리, 검은 눈빛을 하고 있는 것은 사실이었다. 그런 점에서 왕룽이 태어난 고장 사람들과 다른 것은 아무것도 없었다.

그리고 남쪽 사람들이 하는 말이 조금 알아듣기는 어려워도 자세히 들어보면 충분히 이해할 수는 있었다. 그러나 그렇다고 해서 왕룽의 고향인 안후이가 지금 살고 있는 남쪽 도시인 장쑤일 수는 없었다.

이 장쑤 사람들은 입술과 혀끝에서 모아지는, 음절이 똑똑 부러지는 그런 말투를 쓰고 있었다.

왕룽의 고향 논밭에서는 일 년에 두 번 천천히 느긋하게 밀과 쌀 농사를 지으며 옥수수와 콩과 마늘을 약간씩 심지만, 이 곳에서는 쌀 이외에는 갖가지 채소를 빨리 자라게 하려고 언제나 냄새 나는 인분을 논밭에다 억지로 뿌려 댔다.

왕룽의 고향에서는 마늘 줄기를 박은 좋은 밀빵 한 덩어리를 먹으면 훌륭한 식사로 더 바랄 것이 없었는데, 여기서는 닭, 오리 내장으로 탕을 끓이고 그 속에다 밤과 이것저것 여러 가지 푸성귀를 넣어서 요리를 하였다.

그리고 아무리 인품이 나무랄 데 없는 사람이라도 전날에 먹은 마늘 냄새를 풀풀 풍기고 나타나면,

"원숭이 꼬리 같은 머리를 하고 고약한 냄새를 풍기는 북쪽 놈이 온다!"

하며 코를 쥐고 야단을 쳤다.

마늘 냄새를 풍기기만 하면 포목상들은 푸른 무명옷 한 벌에도 외국인에게나 부르는 비싼 값을 불러서 바가지를 씌우려 하였다.

언젠가 왕룽은 학교 한구석에 모인 군중들을 향하여 연설을 하고 있는 젊은이의 이야기를 들은 적이 있었다.

그 곳은 대중 앞에서 연설할 만한 용기가 있는 사람이라면 누구든지 일어나서 말을 할 수 있는 그런 장소였다.

중국은 반드시 혁명을 일으켜야 하고, 가증스런 외국인들에게 대항하여 궐기해야만 한다는 그 젊은이의 말을 듣는 순간, 왕룽은 젊은이가 그처럼 열광적으로 규탄하는 외국인이란 바로 자신일 거라는 생각을 하였다. 그래서 왕룽은 슬그머니 일어나 그 자리를 떠났다.

이 도시에서는 그처럼 연설하는 청년들이 많았다.

어느 날, 왕룽이 사는 거리에 한 청년이 나타나서 외쳤다.

"자, 여러분! 우리 중국 사람들은 단결하여 우리 스스로를 교육해야만 합니다. 깨어나야 합니다!"

왕룽은 자기와 같은 무식한 사람을 두고 그런 소리를 하고 있다는 생각을 미처 못 하였다.

비단 가게가 늘어선 거리에 나가 손님을 찾고 있던 어느 날, 비로소 왕룽은 전에 자신이 모르고 있던 사실을 깨달았다. 이 도시에는 자신보다 더 외국인 같은 모습을 한 사람들이 살고 있다는 것을 알았다.

그 날 왕룽은 이따금씩 가게에서 비단을 사 들고 나오는 여자들이 보이는 거리를 지나게 되었다.

누구보다도 후한 요금을 내는 손님이 가끔 있는 거리였다.

그리고 그 날이 바로 그런 날이었는지, 어떤 사람이 왕룽 앞으로 불쑥 나타났다. 전에는 한 번도 본 적이 없는 이상한 차림을 한 사람이었다.

'남자인지 여자인지 통 모르겠는걸!'

왕룽은 그렇게 생각하면서 그 사람을 자세히 쳐다보았다.

키가 무척 큰 그 사람은 올이 굵고 감촉이 거칠어 보이는 검은 천으로 된 옷을 입고, 목에는 짐승 가죽을 두르고 있었다.

왕룽은 남자인지 여자인지 도무지 알 수 없는 이 사람 옆을 지나가려는데, 그 사람이 채를 내려놓으라고 손짓을 하였다.

왕룽은 그 사람을 멍청히 바라보다가 옆의 인력거꾼에게 무슨 뜻이냐고 물어보았다.

"미국 여자야, 자네 한탕 했군!"

왕룽은 인력거에 올라탄 괴물 같은 서양 여자가 무서워서 '걸음아, 나 살려라' 하는 마음으로 마구 달렸다.

다리 있는 곳까지 달려오니 기운이 쑥 빠지고 땀이 비 오듯 하였다.

"그렇게 죽을 힘을 다해 달릴 필요는 없어요!"

그리고는 은화 두 닢을 왕룽의 손에 쥐어 주었다. 평소 요금의 두 배나 되는 돈이었다.

왕룽은 이 여자야말로 진짜 외국인으로 이 거리에서는 자기보다 더 생소한 사람이라는 것을 알게 되었다. 그는 머리카락과 눈동자의 색깔이 희고 엷은 그 사람들과 자신들은 매우 다르다는 것을 깨달았다.

왕룽은 은전 두 닢을 잘 간직하고 집으로 돌아와 오란에게 준 뒤, 그날 있었던 이야기를 해 주었다.

"그래요, 저도 그런 사람을 보았어요. 제 밥통에 동전이 아닌 은화를 넣어 주는 것도 바로 그 사람들뿐이에요."

이리하여 왕룽은 제멋대로 뻗어나간 부유한 도시의 변두리에 살고 있는 한, 굶어 죽을 걱정은 없다는 것을 깨달았다.

그의 고향에서 사람이 굶어 죽는 것은 바로 식량이 떨어졌기 때문이다. 고향에서는 무자비한 하늘이 비를 안 내려주면 대지는 아무것도 만들어 낼 수 없다.

그러나 이 도시에서는 굶어 죽을 일은 없었다.

날마다 먼동이 트고 나면 왕룽과 오란, 그리고 아이들까지도 거적을 들추고 나와야 하였다.

왕룽은 날마다 인력거를 땀흘려 끌었고, 오란은 구걸을 하였지만, 움막 안에서 쌀밥을 지어먹을 돈은 생기지 않았다.

어느 날 밤, 왕룽이 집에서 밥을 먹고 있는데 양배춧국 속에 큰 돼지고기 덩어리가 하나 있었다.

자기 집 황소를 죽인 이후 처음 보는 고기여서 왕룽은 눈이 휘둥그레졌다.

"당신, 오늘 외국인에게 구걸을 했군!"

오란은 입을 다물었는데, 둘째 아들이 자기 기술을 자랑하고 싶다는 듯이 입을 열었다.

"정육점 주인이 한눈팔 때 슬쩍 집어왔어요."

"뭐, 훔쳐왔다고? 나는 이런 고기 안 먹는다!"

왕룽은 화가 나서 소리를 질렀다.

"우리는 거지인지는 몰라도 도둑은 아니다."

그리고는 국 속에 있던 고깃덩이를 꺼내 땅바닥에 던져 버렸다.

그러자 오란이 얼른 주워 물에 씻어 국 속에 다시 넣으며 말하였다.

"훔친 고기도 고기예요."

왕룽은 화가 치밀어서 아이들을 마구 야단치며 때리기까지 하였다.

"앞으로 도둑질을 더 한다면, 혼날 줄 알아라!"

왕룽은 고함을 질렀다. 아이들이 이 도시에서 도둑으로 자라고 있다고 생각하니 가슴이 미어지는 것 같았다.

그러나 오란은 고기를 뜯어 아버지에게도 주고, 아이들에게도 주었다. 그리고 어린 딸과 자기도 먹었다.

왕룽은 고기를 한 점도 먹지 않고 야채와 국물만 마시며 깊은 생각에 빠졌다.

'그렇다! 우리는 고향으로 돌아가야 해. 고향 땅으로 돌아가야 하고 말고……'

고향 생각

왕룽은 번화한 도시 빈민굴의 한 사람으로 그날 그날의 생활을 이어 가고 있었다.

시장에는 온갖 곡식과 음식이 산같이 쌓여 있었고, 명주전 거리에는 상품을 광고하는 검붉은 깃발들이 휘황찬란하게 나부꼈다. 부자들은 비싼 비단과 명주를 사서 옷을 지어 입었다. 그들의 손은 거친 일을 하지 않았기 때문에 희고 보드라웠다.

이렇게 도시의 부유함은 왕궁에도 비길 만한 것이었지만, 왕룽의 생활에는 굶주린 창자를 채울 음식이 없고, 여윈 몸을 감싸 줄 넉넉한 옷도 없었다.

빈민들은 밤낮 돈 있는 사람들이 먹을 빵과 과자를 굽기에 바빴고, 아이들도 새벽부터 밤까지 일을 하였다. 그러다가 지치면 땀에 젖은 몸으로 침대도 없이 마룻바닥에 짚을 깔고 그 위에 쓰러지듯 누워서 잠을 잤다.

그리고 다음 날이면 또 일어나 일을 하였다. 그래도 그들의 품삯은 자기가 만든 빵 한 조각을 사기에도 부족하였다.

그러나 한쪽에서는 부자들을 위하여 화려한 옷들이 만들어졌다. 겨울에는 두꺼운 털옷, 봄에는 가벼운 명주옷, 이렇게 계절마다 옷짓기에 바빴다. 그러나 정작 그들은 자기 몸에는 굵은 무명 삼베 조각을 아무렇게나 모아서 꿰맨 그런 옷들을 걸치고 있었다.

왕룽도 이런 빈민들 중의 한 사람이었다. 빈민들은 늘 무뚝뚝하고 말이 없으며, 어쩌다 입을 열면 음식과 돈에 관한 이야기뿐이었다. 은화 이야기는 별로 입에 오르내리지 않았다.

빈민들은 오랫동안 무거운 짐과 힘든 일에 부대낀 결과, 윗입술이 치켜 올라가 엉성한 이가 보였고 눈가와 입가에는 주름살이 깊게 잡혀서 험상궂고 성난 얼굴처럼 보였다. 그러나 실제로는 무서운 사람도 아니고, 성이 난 것도 아니었다.

그들은 자기의 얼굴이 어떻다는 것을 모르고 살았다. 어느 날, 한 사나이가 거울에 비친 제 모습을 보고 크게 소리쳤다.

"저기 정말 흉측하게 생긴 사나이가 있구나!"

그 말을 들은 옆의 사람들은 큰 소리로 웃었다. 그런데도 그 사나이는 사람들이 왜 웃는지 몰라 사방을 두리번거렸다.

그 빈민들은 왕룽의 거적 움막 옆에 겹겹이 움막을 치고 살았다. 누더기 옷을 입은 여자들이 가끔 양배추를 남의 밭에서 몰래 뽑아 오기도 하였다. 쌀가게에 가서 쌀을 한 줌씩 훔쳐 오기도 하였다.

그러나 일 년 내내 산에 가서 풀잎을 뜯어 와야만 하였다. 가을이면 추수가 끝난 논밭을 찾아다니며 떨어진 이삭을 주어 왔다.

남자들은 한푼이라도 더 벌려고 돌아다녔고, 여자들과 아이들은 닥치는 대로 도둑질이나 구걸을 하였다.

왕룽과 그의 식구들도 그런 사람들 틈에서 살았다.

노인들은 불평이 없었으나, 남자아이들은 점점 자라면서 가슴속에 불평 불만이 꿈틀거렸다. 그 아이들은 가끔씩 울분을 터뜨리기도 하였다.

그러다가 나이가 들고 결혼하여 아이라도 생기게 되면 젊었을 때의 불만이 절망으로 바뀌고, 짐승보다 더 힘들게 일을 하여도 언제나 남의 찌꺼기밖에 돌아오지 않는다는 현실에 대하여 뿌리 깊게 저항하는 의식이 싹트게 되었다.

그런 생활 속에서 왕룽은 움막에 기대어 세운 높은 담 저쪽의 사정을 듣게 되었다.

지루한 겨울도 끝나 가고 봄이 오려는 어느 날 저녁 무렵이었다. 이제는 정말 봄을 맞이할 수 있을 것이라는 희망이 넘쳐 기분을 들뜨게 하는 그런 날씨였다.

움막 앞 길바닥에는 눈이 녹아서 진흙탕이 되고 흙탕물이 움막 안까지 스며들어와, 모두들 벽돌을 밑에 깔고 그 위에 거적을 덮고 나서야 누울 수 있었다.

왕룽은 언제나 저녁 숟가락을 놓기가 바쁘게 눕는 버릇이 있었으나 그 날 저녁은 잠이 오지 않아서 거리에 나가 서성거리고 있었다.

아이들은 움막 안에서 움막이 떠나갈 듯이 시끄럽게 장난을 치고 있

었다. 그 속에서 딸아이도 오빠들을 따라 함께 장난을 치고 있었다.

왕룽은 줄에 매달려 엎어졌다 일어났다 하는 아이들을 보고 있다가 문득 저녁 바람을 타고 오는 봄기운을 느끼자, 두고 온 고향 땅이 문득 그리워졌다.

"이런 날은 밭을 갈아서 밀을 심기에 알맞은데······."

왕룽은 참다못해 아버지에게 큰 소리로 이야기하였다. 그러자 아버지도 침착한 목소리로 대답하였다.

"오냐, 네 심정을 알겠다. 나도 옛날에 이런 고비를 당해 고향을 떠난 적이 있었다. 나중에는 돌아가고 싶어도 종자를 구하지 못했지 만······."

"그래도 아버지는 언제나 고향으로 다시 돌아가셨잖아요?"

"그거야 내 땅이 있으니까 갈 수밖에······."

아버지의 대답은 간단하였다.

'아무렴, 가야지. 올해 못 가면 내년에라도 가야지! 땅이 있는 한……'

고향에는 왕룽을 기다리고 있는 땅이 있고, 그 땅이 봄비에 촉촉하게 젖어 있을 생각을 하니 그의 마음은 더욱 초조해졌다. 왕룽은 움막 안에서 오란을 보며 투덜거렸다.

"무엇이든 팔 게 있으면 좋겠는데. 그걸 팔면 고향으로 돌아갈 수 있을 텐데……. 늙은 아버지는, 그리고 어린아이들은 걸어갈 수가 없겠지. 그리고 당신도 홀몸이 아니고……."

오란은 조용히 대답하였다.

"딸아이나 팔면 모를까, 팔 것이 뭐 있나요?"

"나는 절대로 딸아이를 팔지는 않아!"

왕룽은 갑자기 목소리를 높였다.

"저는 그 때 팔렸어요. 부모님들은 고향으로 돌아가기 위해 나를 팔았어요."

오란은 차분한 목소리로 이렇게 말하였다. 왕룽은 오란을 바라보며 다시 입을 열었다.

"그럼, 임자는 딸아이를 팔 수도 있다는 말이오?"

"제 마음 같아서는 차라리 죽여 버릴지언정 팔지는 않겠어요. 그렇게 팔려간 저는 매우 불행하게 종살이를 했으니까요. 하지만 당신을 위해서라면 팔 수 있어요. 아무래도 고향에는 가야 하니까요."

"아니야! 여기서 굶어 죽는 한이 있어도 딸아이를 팔 수는 없어."

왕룽은 이렇게 말하면서 움막 밖으로 나왔다. 밖으로 나와 조용히 생각해 보니 오란의 생각 외에는 별도리가 없었다. 그의 마음은 흔들리고 있었다.

왕룽은 할아버지 옆에서 걸음마를 하면서 재롱을 부리는 딸을 바라보았다. 아직 말은 잘 못하지만 살도 포동포동 오르고 밝은 혈색에 해맑은 웃음을 띤 얼굴을 하고 있었다. 딸은 아버지를 보더니 방긋 웃었다.

"저 아이가 내 품에 안긴 적이 없었고, 저렇게 귀엽게 웃지만 않았어도 오란의 말대로 할 수도 있었겠지."

왕룽은 혼자 중얼거렸다. 그 순간 또다시 고향 땅 생각이 났다.

"아, 다시는 고향 땅을 밟지 못하게 되는 것은 아닐까?"

그 때 누군가가 뒤에서 왕룽에게 말하였다.

"그런 사람이 어디 당신뿐이겠소. 이 곳만 해도 그런 사람이 수만 명이나 되는데……."

그 사나이는 두 집 건너 움막에 사는 짐꾼이었다.

"그러니 어쩌면 좋겠소?"

왕룽이 답답하다는 표정으로 물었다.

"부자가 너무 갑자기 부자가 되면 불길한 징조가 보인다오. 하지만 가난한 자가 더욱 가난해지면 길이 트이는 법이오. 나도 지난 겨울, 딸자식 둘을 팔아서 살아 남았다오. 아내 뱃속에 있는 아이도 딸이면 또 팔 수 있을 텐데……."

"어떻게 딸을 판단 말이오?"

왕룽이 고개를 흔들자, 그 사나이가 계속 말을 이었다.

"모르는 소리요. 내가 딸들을 파는 곳에 가 보았더니, 많은 사람들이 딸을 팔려고 왔소. 종이 되어도 은 입힌 상아 젓가락으로 밥을 먹는대요. 가난한 집에서 자라는 것보다 훨씬 낫다고들 합니다."

말을 마친 사나이는 짐을 운반해 주려고 어디론가 가 버렸다. 왕룽은 다시 마음이 흔들렸다.

'딸을 판다?'

'가난하게 키우는 것보다 낫다?'

그러나 도저히 양심이 허락하지 않았다. 딸을 팔아서 고향에 돌아간다 하여도 씨앗이며 황소를 무엇으로 장만하며, 농사지어 추수를 할 때까지 어떻게 살아야 할지도 알 수 없었다.

횡 재

거적을 둘러친 빈민 거리에도 봄이 한창 무르익었다.

구걸로 목숨을 이어가던 사람들이 이제는 산이나 들로 나갔다.

사람들은 풀을 캐거나 여린 새순이 돋아난 민들레와 냉이를 캘 수 있었으므로, 겨울에 여기저기에서 채소를 훔쳐 오던 일을 하지 않아도 되었다.

남루한 옷을 걸친 한 떼의 부녀자들이 날마다 움막에서 쏟아져 나왔다. 나물을 캘 수 있는 연장과 갈대를 엮어서 만든 바구니를 들고, 구걸하지 않고 돈으로 사지 않아도 먹을 수 있는 것들을 찾아 헤매었다.

오란과 아이들도 그들 무리에 끼여 따라다녔다. 그러나 남자들은 계속해서 일을 하여야 되었다.

어느 날, 왕룽은 인력거를 끌고 손님을 찾아 길거리를 헤매다가 한 떼의 군인을 보았다. 무장 군인들은 어떤 남자가 항의를 하자, 그 사나이의 얼굴에 칼을 들이대고 붙잡았다.

왕룽은 깜짝 놀랐다. 그런데 군인들은 한 사람 한 사람씩 여러 명을 계속해서 붙잡았다.

왕룽은 군인들에게 붙잡히면 좋든 싫든 끌려가야 한다는 것을 알고는 인력거를 골목에 내팽개치고 뜨거운 물을 파는 집으로 도망을 갔다. 자신도 붙잡힐 것 같았기 때문이다.

왕룽은 군인들이 지나갈 때까지 커다란 가마솥 뒤에 쪼그리고 앉아 있었다. 그러다가 틈을 보아서 움막으로 도망쳤다.

왕룽은 여러 시간 동안 전쟁터로 나가는 군인들의 발걸음 소리를 듣고 있었다. 군인들의 행진은 계속되었다. 가죽 구두에 각반을 친 다리들이 차례차례 한 짝씩 짝을 지어 수십 개, 수천 개가 왕룽 앞으로 지나가는 것이 보였다.

밤이 되자 옆집의 짐꾼이 짐을 끌고 갔다. 그는 어디론가 짐을 끌어다 주고 돌아왔다.

왕룽은 그에게 물어볼까 하다가 그냥 잠자리에 들었는데 잠자리가 뒤숭숭하였다.

주변에서는 아무도 이야기하는 사람은 없었지만, 도시 전체가 공포에 떨고 있었다. 사람들은 저마다 꼭 해야 할 일만 서둘러 마치고 집으로 돌아와 문을 걸어 잠갔다.

어디서나 적군들이 다가오고 있다는 소리만 들렸다. 재산이 조금이라도 있는 사람들은 무척 두려워하였다. 그러나 움막에 사는 왕룽은 두려울 것이 없었다.

왕룽은 우선 적이 누구인지도 몰랐다.

모두들 자기 일에만 열중할 뿐, 아무에게도 마음을 열지 않았다.

어느 날, 상품을 취급하는 건물 관리들은 강가에서 상자를 실어 나르던 일꾼들에게,

"이제는 나오지 않아도 된다."

하고 일방적인 통고를 하였다.

왕룽도 거리에 지나다니는 사람이 없어서 움막 안에만 틀어박혀 있었다. 그러자 벌이도 없어지고 궁색하기가 이를 데 없었다.

엎친 데 덮친 격으로 취사장도 문을 닫아 버렸다. 가난한 사람들에게 먹을 것을 대주던 사람들은 자기 집으로 돌아가서 문을 잠가 버렸다.

음식도 일감도 없어졌고, 동냥을 줄 만한 사람들도 예전처럼 길거리에 다니지 않았다.

왕룽은 어린 딸을 보는 순간 생각이 떠올랐다.

'이 불쌍한 것아! 부잣집에 가서 마음껏 배불리 먹으며 살고 싶지 않니? 좋은 옷도 입을 텐데……'

그러나 딸은 아버지의 마음을 알 수 없었다. 방긋이 웃으며 아버지의 얼굴을 바라보기만 하였다.

왕룽은 오란에게 물었다.

"나한테는 바른 대로 말해 줘. 당신, 황 부잣집에 있을 때 매맞은 일은 없었소?"

그러자 오란은 우울하게 말하였다.

"날마다 얻어맞았답니다."

"아!"

왕룽은 신음 소리를 내며 온몸을 부르르 떨었다.

오란이 다시 말을 하였다.

"매를 맞건, 남자의 침대로 끌려가건 운명에 달린 거죠."

왕룽은 한숨을 쉬었다. 그는 마음속으로 울고 있었다.

그 때 하늘이 갈라지는 듯한 요란한 소리가 들려왔다.

왕룽은 본능적으로 아이들을 끌어안았다. 그 때 아버지가 왕룽에게 말하였다.

"애야! 내 생전에 이런 소리는 처음 듣는구나!"

오란도 입을 열었다.

"말로만 듣던 일들이 진짜로 일어나는군요. 적군이 이 도시 성문을 쳐부쉈대요."

오란의 말이 끝나자마자 도시에서 고함 소리가 터져 나왔다. 처음에는 멀리서 아련하게 들려오더니, 거리 곳곳을 가득 메우면서 점점 큰 함성으로 울려 퍼졌다.

왕룽은 몸을 일으켰다. 괴이한 공포감이 그의 몸을 떨게 하였다. 머리카락 끝까지 쭈뼛하게 느껴졌다. 가족들은 영문을 모르는 채 서로 마주 보고 있었다.

벽 저쪽에서 비명 소리가 울려왔다. 그 때 옆집 사나이가 외쳤다.

"아직도 그렇게만 앉아 있을 거요? 부잣집이 우리를 위해 문을 활짝 열었소."

그러자 오란이 마치 마술에라도 걸린 사람처럼 그 사나이를 따라 어디론가 사라졌다. 왕룽도 천천히, 아직도 어리둥절한 상태로 일어나서 밖으로 나갔다.

부잣집 철문 앞에는 많은 사람들이 모여 서로 들어가려고 아우성이었다. 거리 곳곳에서는 호랑이가 울부짖는 것 같은 고함 소리가 점점 더 커졌다. 그들은 제멋대로 하고 싶은 짓을 해도 아무도 말리지 않을 것 같았다.

큰 문이 비스듬히 열린 사이로 사람들이 마구 밀리면서 서로 비집고 들어서려니까, 발들이 밟히고 몸들이 꼭 낀 채 한 덩어리가 되어 앞으로 밀려갔다.

왕룽도 싫든 좋든 군중들과 함께 밀려갔다. 자기 자신도 무슨 생각을 하는지 알 수 없었다. 갑자기 일어난 일이라 그저 놀라고 있을 뿐이었다. 저절로 밀려들어간 사람들의 힘에 이끌려서 제대로 발을 땅에 디딜 사이도 없이 부잣집 안마당으로 들어서고 말았다. 밀리다 보니, 어느 새 안마당 몇 개를 지나 맨 안쪽 마당까지 휩쓸려 들어와 있었다.

그 곳은 마치 오래된 궁전 같았다.

군중들은 부잣집 침실까지 들어갔다. 그 안에는 돈궤와 보석 상자들이 많이 있었다.

서로가 손에 닿는 대로 상자 하나씩을 집어들었다.

그런 북새통에 아무것도 손을 대지 않은 사람은 왕룽뿐이었다. 평생 동안 남의 것을 훔쳐 본 일이 없는 그는 그러한 것들에 손댈 용기가 나지 않았다.

왕룽은 다시 군중들 틈에 휩쓸려 부잣집 안방 뒤편으로 나왔다. 폭도들이 들어왔다가 빠져 나간 내실에서 왕룽은 한 사나이를 만났다. 돼지처럼 살이 찐 사나이였다.

그 사나이는 왕룽을 보자마자 와들와들 떨면서 비명을 질렀다. 그는 무릎을 꿇고 앉아서 두 손을 싹싹 빌면서 통사정을 하였다.

"살려만 주세요. 목숨만 살려 주시면, 당신한테 돈은 얼마든지 드리겠습니다."

그 순간 왕룽의 머리에 번갯불 같은 생각이 스쳤다.

"돈!"

왕룽은 자신도 모르게 외쳤다.

"돈! 어서 돈을 내놓으라니까!"

그러자 사나이는 황급히 일어나 돈을 왕룽의 옷자락에 쏟아 주었다.

"더 내놔!"

그는 금화를 더 내주면서 애원하였다.

"이제는 가진 것이 없어요. 이 불쌍한 목숨밖에 없어요."

"그래! 그럼, 어서 가고 싶은 데로 꺼져!"

왕룽이 눈을 크게 뜨고 소리쳤다.

그러자 사나이는 개처럼 엉금엉금 왕룽 옆을 빠져 도망쳤다.

왕룽은 금화와 은화 등을 한아름 안은 채 혼자 있게 되었다. 그는 열린 문으로 태연하게 걸어나와 좁은 골목길을 돌아 움막으로 돌아왔다.

왕룽은 사나이의 체온이 아직도 금화 속에 남아 있는 것을 생각하며 생각을 가다듬었다.

'아, 이제 고향으로 돌아가는 거다!'

그립던 고향

고향에 온 지 며칠 되지도 않았는데, 왕룽은 한 번도 고향을 떠나 본 적이 없었던 것 같았다. 몸은 비록 타향에 가 있었으나 마음은 언제나 고향에 있었기 때문인 것 같았다.

왕룽은 남쪽에서 돌아올 때 금화 세 닢으로 밀과 옥수수의 좋은 씨를 사고, 돈이 생긴 김에 미나리와 연뿌리, 붉은 무씨와 팥씨도 사 왔다. 그런 것들은 전에 심어 본 일이 없는 것들이었다.

그는 또 금화 다섯 닢을 주고 밭을 가는 농부한테서 꼭 필요한 황소도 한 마리 사 왔다. 돌아오는 길에 한 농부가 밭 가는 것을 본 왕룽은 걸음을 멈추고 바라보았다. 아버지와 오란, 그리고 아이들도 마음은 어서 빨리 집으로 가고 싶었지만 왕룽과 같이 농부와 황소를 바라보았다.

왕룽은 황소의 큼직한 목덜미와 딱 벌어진 어깨가 탐스러워서 농부에게 말을 걸었다.

"여보시오! 그 황소가 좀 시원치 못한 것 같소이다. 나에게 팔지 않으시겠소?"

"이보시오! 마누라를 팔면 팔았지, 이 황소는 절대로 팔지 않소. 지금 세 살이라 한창이라오."

농부는 왕룽의 말에는 아무 관심이 없다는 듯, 열심히 밭을 갈았다. 왕룽은 아버지와 오란을 번갈아 보면서 물었다.

"저 황소가 어떻습니까?"

잠자코 보기만 하던 아버지가 입을 열었다.

"참, 훌륭한 황소다!"

오란도 한 마디 하였다.

"한 살쯤 더 먹은 황소같이 일을 하네요."

왕룽도 그 황소를 기어코 사야겠다는 생각뿐이었다.

"여보시오, 값을 후하게 줄 테니 황소를 내게 파시오."

한참 동안 실랑이를 벌인 끝에 농부는 그 지방의 시세보다 더 좋은 값에 황소를 팔았다.

왕룽은 황소를 몰고 오면서 무척 마음이 뿌듯하였다.

'아, 이것이 내 황소로구나!'

집에 돌아와 보니 문짝은 다 부서졌고, 지붕도 온데간데없었다. 또 두고 갔던 괭이나 쇠스랑, 그 밖의 농기구들도 보이지 않았다.

엉성한 통나무와 흙벽만이 남아 있을 뿐이었다. 그러나 놀란 것도 잠시뿐, 왕룽은 아무렇지도 않았다.

성안으로 들어가 튼튼한 괭이와 쇠스랑을 사고, 가을에 새 짚으로 지붕을 이을 때까지 쓰려고 거적도 사 왔다.

해가 질 무렵에 왕룽은 사립문 옆에 서서 자기의 땅이 있는 마을 앞 들녘을 바라보았다. 겨우내 얼었던 땅이 녹아서 곡식을 심기에 알맞아 보였다. 이제 봄도 짙어서 여울 못의 개구리들도 한가롭게 울어댔다.

부드러운 봄바람을 받아서 집 뒤편에 있는 대나무 숲이 희미하게 보였다. 복숭아나무는 예쁜 꽃봉오리가 맺혔고, 버드나무에서는 연녹색 잎이 터져 나왔다.

왕룽은 고향에 돌아와서도 언제나 다른 사람들을 대하는 것을 좋아하지 않았고, 혼자 자기 땅에서만 열심히 일을 하였다. 어쩌다 겨울을 버텨 낸 마을 사람들이라도 찾아오면 눈을 부릅뜨고 말하였다.

"우리 집 문을 부순 자가 누구며, 괭이와 쇠스랑을 가져간 사람들이 혹시 당신들 아닌가?"

왕룽은 노여움을 이렇게 표현하였다.

그러자 이웃집 진 서방이 찾아와서 사실을 알려주었다.

"겨우내 화적들이 자네 집에 진을 치고 성안이며 마을을 마구 노략질했다네. 자네 삼촌이 화적들과 가까이 지낸다고들 하지만, 이런 난리통에는 그런 소문을 꼭 믿을 수가 없지. 누가 그랬다고 꼭 꼬집어 말할 수가 없네."

진 서방은 정말 겨우 목숨만 붙어 있었다. 이제 마흔다섯 나이에 머리는 하얗게 백발이 다 되었고, 앙상하게 뼈만 남은 모습이 무척 측은하게 보였다.

"자네는 우리보다 더 지내기가 어려웠나 보군! 뭘 먹고 살았나?"

진 서방은 길게 한숨을 내쉬었다.

"내가 먹지 않은 것이 어디 있겠나! 썩은 고기도 주워 먹고 동냥질도 했지. 죽은 개도 먹었어. 마누라가 죽기 전에 고깃국을 끓여 주었는데, 묻지도 않고 먹었네. 그냥 마누라는 자기 손으로 산 짐승을 죽이지 못하는지라, 어디서 주워다 끓였겠지, 하고 먹었을 뿐이야. 그러고 나서 골골하던 마누라는 굶주림을 견디다 못해 죽어 버렸어. 하나 남은 딸도 굶어 죽을 것이 뻔해서, 할 수 없이 지나가는 군사들에게 주었다네."

진 서방은 넋두리처럼 자기 이야기를 털어놓고는 한동안 잠자코 있다가 다시 한탄하듯 입을 열었다.

"종자라도 남아 있다면 다시 심으련만 그것도 없다네."

"이리 오게!"

왕룽은 진 서방의 손을 잡아끌며 안으로 들어갔다. 그는 해진 옷자락에서, 남쪽에서 가져온 밀과 벼와 양배추 씨를 조금씩 꺼내어 나누어 주면서 말하였다.

"내일 황소를 몰고 가서 밭을 갈아 주겠네."

그러자 진 서방은 훌쩍훌쩍 흐느껴 울기 시작하였다. 왕룽도 따라 울면서 큰 소리로 말을 이었다.

"자네가 팥 한 줌을 나누어 준 것을 나는 죽어도 잊지 못하네. 결코 잊을 수 없다네."

진 서방은 목이 메어서 대답도 하지 못하고 자기 집으로 돌아갔다. 왕룽에게는 삼촌과 그 식구들이 보이지 않는 것이 그래도 다행스러운 일이었다.

삼촌 일가족이 어디로 갔는지 정확하게 아는 사람은 없었다. 어떤 사람들은 성안으로 들어갔다고도 하고, 또 어떤 사람들은 아주 먼 곳으로 떠나 버렸다고도 하였다.

어찌 되었건 삼촌 집은 비어 있었고, 그는 딸들을 모두 팔아 버렸다고 하는데, 왕룽은 그 말을 듣고 매우 분개하였다. 처음에는 값을 높여서 얼굴이 예쁜 딸부터 팔다가, 나중에는 곰보인 못생긴 딸까지 지나가는 군사들에게 몇 푼 받고 팔았다고 했다.

왕룽은 날마다 들에 나가서 열심히 일을 하였다.

집에 들어가서 밥 먹는 시간까지도 아까워서 빵 조각을 들고 나가 들 가운데 서서 먹으며 일을 하였다.

"서쪽 밭가에는 올콩을 심고, 이 논배미에는 못자리를 만들고……."

이렇게 혼자 중얼거리면서 계획을 세웠다. 왕룽은 그런 생각에 빠져 있을 때가 제일 기뻤다.

그러다가 몸이 너무 고단하면 밭둑에 누워서 푹신하고 향기로운 흙냄새를 맡으면서 느긋하게 낮잠을 잤다.

오란도 집에서 쉬고 있지만은 않았다. 오란은 지붕에 거적을 올려서 단단하게 덮고, 밭에서 흙을 파다가 물에 이겨서 벽을 곱게 바르고 부엌도 새롭게 단장을 하였다.

그러고 나서 어느 날, 왕룽과 함께 성안으로 들어가 침대와 탁자, 의자 여섯 개를 새로 사왔다. 그리고 붉은 차반과 찻잔 여섯 개도 마련하였다.

그들은 돌아오는 길에 백랍으로 만든 촛대와 향로, 초 두 자루도 샀다. 쇠기름으로 만든 굵은 초 속에는 갈대 잎을 쪼개 넣은 가는 심지가 들어 있었다. 왕룽은 들 가운데 모셔진 지신 생각이 나서 성안에서 돌아오는 길에 들여다보았다. 지신의 몰골은 말도 못할 형편이었다.

"사람을 못 살게 한 지신님이니 이런 몰골을 당해도 마땅하지."

왕룽은 이렇게 큰 소리로 외치고 집으로 돌아왔다. 왕룽의 집은 오란이 깨끗하게 청소하고 아름답게 단장하여 새 기분이 들었다.

왕룽은 자신의 지나친 행복에 도리어 겁이 났다.

오란의 뱃속에는 또 새 아이가 자라고 있었고, 아이들은 흙빛 강아지처럼 되어 집 안팎을 뛰어다니며 놀았으며, 아버지는 양지쪽 담 밑에 앉아 졸면서도 빙긋이 웃고 있었다.

논에는 벼가 푸른 보석처럼 아름답게 자라고, 밭에 심은 콩은 깍지를 덮어쓴 채 땅을 뚫고 나왔다.

그리고 남쪽에서 가지고 온 돈으로 낭비만 하지 않으면 가을까지는 넉넉히 버틸 수 있었다.

왕룽은 고개를 들고 푸른 하늘에 두둥실 떠가는 구름을 쳐다보면서, 들에서 자라고 있는 곡식과, 이 곡식이 익어 가기에 알맞을 정도로 내리쬐는 햇볕과 비를 느끼면서 속으로 중얼거렸다.

"서낭당에 모신 지신님께도 다시 향을 피워 드려야겠다. 아무래도 지신님은 지신님이니까……."

오란의 보석 주머니

왕룽은 어느 날 밤, 오란의 목에 걸린 작은 주머니를 보았다. 마치 목걸이처럼 걸고 있었는데 꽤 묵직해 보였다.

"이게 대관절 뭐요?"

왕룽이 손으로 만져 보며 물었다.

"궁금하세요?"

"물론이지! 도대체 그게 뭐요?"

왕룽은 오란이 보여 주는 것을 유심히 바라보다가 깜짝 놀랐다. 주머니 같은 것을 찢고 보니 뜻밖에도 보석들이 들어 있었다.

"아니! 이름도 모를 값비싼 보석들인 것 같은데 대체 어디서 났소?"

"남쪽에 있을 때, 어느 부잣집에서요. 난리가 일어나 부잣집에 갔을 때 거기서 얻었어요."

"당신은 그걸 어디서 찾았지?"

"당신은 제가 부잣집에서 살았다는 걸 잊으셨나 보군요. 난리가 났을 때 저도 따라가 보았지요. 그런데 어느 벽돌이 느슨하게 보였어요. 그건 소중한 물건을 감추어 두었다는 표시예요."

그러자 왕룽은 할말을 잊고 말았다. 자기는 남쪽 부잣집에서 돈을 많이 얻어 이렇게 고향으로 돌아왔는데, 아내는 보석을 가져왔으니 더 이상 말을 할 수 없었다.

눈을 크게 뜨고 바라보던 왕룽이 오란에게 말하였다.

"여보! 우리 집에서는 보석을 숨겨 둘 수 없소. 그러니 팔면 어떨까?"

"이 보석을 다 팔아요?"

"그래, 우리가 어떻게 보석을 보관하겠소?"

"그럼 제 몫으로 두 개만 남기고 팔아요."

그래서 왕룽은 작은 것 두 개만 남기고 모두 팔기로 하였다. 이리저리 곰곰이 생각한 끝에 황 부잣집으로 가서 팔기로 하였다. 땅과 바꿀 생각이었다.

왕룽은 보석을 지니고 황 부잣집으로 갔다. 문지기는 자기를 통과하지 않으면 못 들어간다고 버티었다.

왕룽은 문지기를 제쳐놓고 대문을 두드렸다. 그러나 아무리 두드려도 소용이 없었다. 그러더니 잠시 후에 발자국 소리가 들려왔다. 대문을 열면서 누군가가 낮은 목소리로 물었다.

"누구시오?"

"저입니다. 왕 서방입니다."

그러자 대문 안에서 신경질적으로 말하였다.

"뭐라고? 왕 서방! 어떤 놈인지 모르겠는걸."

왕룽은 욕설하는 말투로 보아 영감이라는 것을 알 수 있었다.

"영감님, 저 왕룽입니다. 오란의 남편 왕 서방입니다. 영감님께 좋은 일이 될 것 같아 찾아왔습니다. 집사와 만나 영감님에게 도움을 드리려고 합니다."

"뭐, 집사? 그 놈은 나를 떠난 지 오래되었는걸. 여기에 없어!"

"그렇습니까? 어쨌든 저는 돈 때문에 왔습니다."

"이 놈아, 이제 우리 집에는 돈이 없어! 집사, 그 놈은 도둑놈보다 더한 강도란 말이야. 내 돈을 모두 가지고 도망쳤어. 빚 갚을 돈도 없단 말이야."

"영감님, 그런 게 아니라 제가 돈을 가지고 왔어요."

그 순간, 왕룽이 여태껏 들어 보지 못한 날카로운 여자의 목소리가 들려왔다.

"오랫동안 들어 보지 못한 소리가 들리네요."

그러면서 여자가 왕룽에게 들어오라고 하였다.

"어서 들어와요. 돈을 주겠다고요?"

왕룽이 들어가자 그 여자는 대문을 걸어 잠갔다. 방으로 들어간 왕룽은 영감과 여자부터 살펴보았다.

뚱뚱하고 기름기가 넘쳐흐르던 영감은 야위어서 온몸에 주름살만 겹겹으로 져서 축 늘어졌다.

그런데 여자는 꽤 정갈한 편이었다. 얼굴 모습이 차갑고 날카로워 보이는 여자였다. 콧대가 높고 예리하게 생긴 검은 두 눈이, 반짝이는 독수리의 아름다움 같은 미모를 지니고 있었다. 하얀 피부가 너무나 팽팽하여 여자의 골격을 감싸고 붉은 입술에서는 탄력이 넘쳐흘렀다.

그런데 왕룽이 들어선 이 방에는, 영감과 그 젊은 여자밖에는 아무도 없었다.

"자, 돈 이야기를 해 보세요."

여자가 먼저 이야기를 꺼냈다. 왕룽은 잠시 머뭇거리면서 영감 앞에서 눈치만 살폈다. 그러자 여자가 영감에게 저쪽으로 가 있으라고 눈짓을 하며 말하였다.

"당신은 저리 가 있어요!"

그러자 영감은 비틀거리며 아무 소리도 하지 않고 조용히 물러갔다.

"자, 멍청하게 있지 말고 용건을 이야기해 봐요. 돈을 주겠다니, 어디 봅시다."

"아니오!"

왕룽은 반사적으로 여자를 경계하였다.

"돈을 가져왔다는 것이 아니라, 이야기를 나누자고 했소이다!"

"이야기라는 그 용건이 바로 돈 아닌가요?"

여자가 쏘아붙였다.

"하지만 나는 여자와는 이야기할 수 없소."

왕룽은 너그럽게 거절을 하였다.

"그런가요? 그 이유가 무엇인가요?"

여자가 화가 나서 물었다. 그러더니 소리를 질렀다.

"바보야! 내 말이 안 들려? 여기는 아무도 없다니까!"

왕룽은 도저히 믿을 수 없어서 그 여자를 유심히 바라보았다.

"나와 영감, 그리고 당신밖에 없어요."

"그럼, 모두 어디로 갔소?"

"큰마님은 돌아가셨고, 종들은 닥치는 대로 돈이며 보석을 털어 갔어요. 나는 물독에 숨어 있었어요. 영감은 손발을 묶인 채 매질을 당했고요. 큰마님은 누가 죽인 게 아니고 노상 피워 댄 아편으로 몸이 썩은 갈대처럼 허약해져서 더 이상 버틸 힘이 없었던 거예요."

"그럼, 그 많던 하인과 노예들은 다 어디로 갔지요?"

왕룽은 놀라서 물었다. 여자는 별것 아니라는 투로 말하였다.

"옛날에 사라져 버렸어요. 모두 함께……. 집 안에 숨겨 둔 보석까지 훔쳐 가지고 사라졌어요."

여자는 여기서 잠시 말을 쉬었다. 침묵은 생명이 떠나 버린 것처럼 무거웠다.

여자는 잠시 후, 입을 열었다.

"이런 일이 갑자기 생긴 것은 아니에요. 영감 선친 때부터 이 집은 이미 기울기 시작했어요. 그러다가 영감 대에 이르러 무너진 것뿐이죠."

"그럼, 도련님들은 어디로 갔소?"

왕룽은 여전히 두리번거리며 물었다.

"여기저기로 흩어졌어요."

여자는 아무 관심도 없다는 듯 무표정하게 말하였다.

"그래도 다행이라면 이런 끔찍한 사태가 벌어지기 전에 두 딸을 시집 보낸 것이지요."

왕룽은 천천히 여자를 살펴보았다. 여자는 다 죽어 가는 영감에게 매달려 무엇인가 마지막 물건이라도 가져가려고 벼르고 있는 표정이었다.

"알고 보니 당신은 하인과 다를 바 없군! 그런 당신과 내가 어찌 거래 이야기를 하겠소?"

여자는 왕룽의 이 말을 듣고 소리를 쳤다.

"이이는 내가 시키면 무엇이나 다 할 거예요."

왕룽은 이 말을 듣고 곰곰이 생각해 보다가 입을 열었다.

"땅이 얼마나 남아 있소?"

"서쪽에 10평방킬로미터, 남쪽에 20평방킬로미터가 있어요. 일 평방 킬로미터도 남기지 않고 모두 팔 수 있어요."

"영감 마음대로 아들들과 의논하지 않고 팔 수 있겠소?"

"물론이지요. 영감 아들들이 아버지에게 팔도록 일임했으니까요."

"그럼, 땅 값은 누구에게 주면 되오?"

"영감한테 주면 돼요."

왕룽은 그 돈은 바로 이 여자에게 넘어갈 것이라고 생각하였다.

왕룽은 잘 알았다고 말하고 밖으로 나왔다. 그러자 여자는 왕룽의 등 뒤에다 대고 큰 소리로 말하였다.

"아무 때나 좋으니 돈만 가지고 와요!"

다음 날, 왕룽은 다시 찾아갔다.

"영감님께서 매매 문서에 직접 도장을 찍어 줄까요?"

그러자 여자는 왕룽을 뚫어지게 바라보더니 당연한 듯이 말하였다.
"암, 찍고말고요. 틀림없이 찍어요! 내 목숨을 걸고 보장하겠어요."
왕룽은 덤덤한 목소리로 이야기하였다.
"금이나 은, 보석을 받고도 팔겠소?"
"보석이면 더 좋아요."
여자의 눈이 샛별처럼 빛났다.

까 막 눈

왕룽의 땅은 이제 황소 한 마리를 가지고 농사를 짓기에는 벅찰 만큼 넓어졌다.
수확도 한 남자의 손으로는 도저히 거두어들일 수 없게 되었으므로,

왕룽은 방도 한 칸 더 내고 말도 한 마리 사들인 후, 이웃집 진 서방을 불러 의논을 하였다.

"진 서방, 자네 우리 집에 와서 함께 살지 않겠나? 자네 남은 땅은 얼마 안 되니 나에게 팔고, 우리 농사를 거들어 주면서 함께 사는 편이 낫지 않은가?"

진 서방은 그 말을 듣자 무척 좋아하며 그 자리에서 승낙하였다.

그 해에는 때맞추어 비가 알맞게 와서 못자리의 모도 잘 자랐다. 밀을 베어 거두어들이고는 그 자리에 물을 대어서 둘이 모를 심었다.

마침 비가 와서 예전에는 밭이던 땅들도 모두 논이 되어 전에 없이 모를 많이 심을 수 있었다.

가을에는 두 사람이 감당할 수 없을 만큼 많은 양을 수확하였다.

왕룽은 마을에서 일꾼을 둘이나 사서 추수를 끝냈다.

왕룽은 황 부잣집에서 사들인 땅에서 일할 때마다 그 기울어져 가는 집의 게으른 젊은이들을 생각하고는 어린 두 아들을 아침마다 들에 데리고 나가 황소와 말을 보살피게 하고, 무엇이든 그들이 할 수 있는 일이면 다 시켰다.

그 일이 그들에게는 아무 도움이 되지 않더라도 어린 아들들에게 일찍부터 일의 소중함을 일깨워 주기 위하여 햇볕이 쏟아지는 논둑길을 걸어 다니게 하였다.

그러나 오란이 들에 나오는 일은 하지 못하게 말렸다. 그는 이제 가난한 농부가 아니라 언제든지 일꾼을 사서 일할 수 있는 큰 농사꾼이 되었기 때문이다.

그해의 농사는 풍년이었다. 그래서 곡식을 저장해 둘 곳간을 한 칸 더 지어야만 하였다. 왕룽의 집 안은 발을 들여놓을 빈 공간이 없을 정도로 곡식들이 가득 찼다. 그 밖에도 돼지 세 마리와 닭 한 마리를 사서 흩어져 있는 곡식들을 먹게 하였다.

오란은 집에서 옷도 짓고, 신도 만들고 침대 위에 덮는 이불에 꽃무늬의 수도 놓았다.

그녀는 어느 날, 침실로 들어가 혼자서 아이를 낳았다. 산파를 부를 수 있는 형편이 되었는데도 혼자 아이를 낳았다. 그러나 전보다 시간이 오래 걸렸다.

왕룽이 일을 끝내고 들어오자 사립문 앞에서 기다리고 있던 아버지가 왕룽에게 이야기를 하였다.

"애야, 이번에는 달걀 노른자위가 두 개다!"

"예! 둘이라고요?"

왕룽이 방으로 들어가 보니 쌍둥이가 누워 있었다. 그는 너무 좋아서 껄껄껄 하고 큰 소리로 웃으며 말하였다.

"오라! 보석도 두 개만 갖겠다고 하더니, 이제야 그 까닭을 알겠소."

왕룽은 그러면서 또 웃었다. 오란도 왕룽을 보면서 따라 웃었다.

왕룽은 이제 근심 걱정이 없었다. 흉년이 들었을 때 남쪽으로 내려가면서 고생하며 낳은 딸을 팔아서 고향으로 돌아올 노자를 마련할까 하였던 왕룽은, 그런 딸이 '아버지, 엄마' 하고 재롱을 떨 때마다 미안한 마음이 들었다.

그런데 이번엔 또 쌍둥이까지 낳았으니 왕룽은 말로 표현할 수 없이 기뻤다. 왕룽은 딸을 보면서 생각하였다.

'그 때 딸아이를 팔았더라면 지금 얼마나 가슴이 아플까?'

그래서 왕룽은 두 아들보다 딸을 더 귀여워하였다. 살뜰히 거두어 주고 때로는 들에 데리고 나가기도 하였다.

왕룽 일가가 대대로 살아온 이 지방에는 5년마다 한 번씩 흉년이 드는 것이 보통이었다. 하느님이 너그러울 때는 7~8년 또는 9년이 지나도 흉년이 들지 않았다.

흉년이 들 때마다 사람들은 사방으로 흩어졌다가 다시 돌아오고는 하였다. 그러나 왕룽은 이제 그런 흉년이 들어도 집을 떠나지 않고 저장한 곡식으로 그 해를 지낼 수 있을 정도로 단단한 터전을 만들었다.

하느님이 돌봐 주셨는지 그 이후로 7년 동안이나 연달아 풍년이 들었다. 왕룽은 해마다 농사가 잘 되어 일꾼을 여섯 사람이나 부리게 되었다. 그리고 이제까지 살아온 집 옆에다 집을 하나 더 지었다. 마당 건너에 큼직한 몸채를 세우고 양쪽으로 방을 한 개씩 더 낸 것이다. 새집에는 기와를 얹고 벽은 밭에서 떠온 흙을 이겨 쌓아 올리고 회색 칠도 하여서 깨끗하게 꾸몄다.

이 새집으로 왕룽의 가족들이 옮겨오고 진 서방과 다른 일꾼들은 그전 집에 머물렀다.

왕룽이 여러 해 같이 지내면서 겪어 보니 진 서방은 매우 충실하고 정직한 사람이었다. 그래서 진 서방을 시켜 다른 일꾼들을 감독하게 하고 땅도 관리하게 하였다. 그리고 대우도 후하게 하여 먹는 것 외에도 매달 은전 두 냥씩을 주었다.

진 서방은 너무도 열심히 일해서 새벽부터 밤까지 일손을 쉬지 않았다. 말도 거의 없고, 꼭 해야 할 말만 나직한 목소리로 두어 마디 할 뿐이었다.

일꾼들 가운데는 날마다 대추나무 밑에서 지나칠 정도로 오래 쉬는 사람도 있었고, 아침 저녁으로 두 몫이나 일을 하는 사람도 있었으며, 타작하는 날 부인과 아이들을 오게 하여 곡식을 몰래 집어 가는 사람도 있었다.

이런 일들은 수확이 모두 끝난 뒤에 진 서방이 귀띔을 해 주어서 알게 된 것이었다.

"아무개와 아무개는 그런 사람이니 내년에는 일을 시키지 마십시오!"

지난 날 어려웠을 때 팥 한 줌과 얼마 되지 않는 종자를 주고받은 것이 왕룽과 진 서방을 한 형제같이 묶어 주었다.

왕룽이 나이가 적었으나 진 서방은 나이를 따지지 않고 언제나 왕룽이 주인이고 자기는 일꾼이라는 생각을 잊은 적이 없었다. 왕룽은 해마다 농사가 잘 되어 직접 들에 나가 일하는 것보다 일꾼들을 뒷바라지해 주고, 거두어들인 곡식을 내다 팔며 일꾼들을 지시하는 일로 더 바빴다.

그러나 왕룽에게도 고민이 있었다. 왕룽은 무식해서 글자를 몰라 고통을 겪었던 것이다.

그는 곡물 가게나 시장에서 밀이나 쌀을 팔 때 작성하는 계약서를 쓸 줄 몰라서 번번이 난처한 경우를 당하였다.

"이것 좀 읽어 주시오. 나는 까막눈이라 아무것도 읽을 줄 모른다오."

점원들에게까지 이처럼 통사정을 할 때가 왕룽으로서는 제일 부끄러웠다. 계약서가 다 만들어졌을 때 자기 이름을 서명하는 것도 대신 써 달라고 해야 할 형편이었다. 어떤 점원은 농담 아닌 조롱을 하였다.

"이름자가 용 룽자인가, 아니면 귀머거리 룽자인가?"

"아무렇게나 쓰고 싶은 대로 쓰구려!"

어느 해 가을, 그 날도 곡물 가게에 갔다가 그런 조롱을 받았다. 왕룽은 '용 룽인가, 귀머거리 룽인가' 하면서 자기 아들들보다 어린 자들이 웃어대는 것을 보고 매우 불쾌하게 여기며 집으로 돌아왔다.

"이놈들, 어디 두고 보자. 너희 건달들이 내가 그까짓 글 하나 못 익힐 줄 아는 모양인데……."

왕룽은 분한 마음에 두 주먹을 불끈 쥐었다. 시간이 흐르면서 분한 마음이 사라지자, 무식한 것은 정말 수치스러운 일이라고 느껴졌다.

"오냐, 나도 이제부터는 아이들을 들로 보내지 않고 서당으로 보내겠다! 그래서 곡물을 거래할 때에는 아들들을 데리고 다니겠다."

왕룽은 집으로 돌아온 후 아이들에게 서당에 다니면서 공부를 하라고 말하였다. 그랬더니 아이들은 물론 오란까지도 좋아하였다.

"왜 그런 생각을 진작 못하였을까!"

오란은 그 길로 시장에 가서 종이와 먹, 벼루 등을 두 벌씩 사 왔다. 아이들이 입을 두루마기 감도 떠 왔다.

왕룽은 지체 높은 노인이 가르치는 서당을 골라 아이들을 보냈다.

"훈장님! 제 아들놈들을 때려서라도 가르쳐 주십시오."

왕룽은 이렇게 정중히 부탁하였다.

왕룽은 아이들을 서당에 두고 상쾌한 기분으로 집으로 돌아왔다. 왕룽은 이 때부터 훈장이 지어 준 대로 큰아이는 '눙언', 작은아이는 '눙원'이라고 불렀다.

이유 없는 심통

왕룽은 자기 재산을 다져서 쌓아올렸다. 그리고 어느 새 7년이라는 세월이 흘렀다.

비가 너무 많이 내려 큰 강에 물이 엄청나게 불어났다. 강둑이 터지면서 모든 땅이 물에 잠겼다.

그러나 왕룽은 겁내지 않았다. 그의 땅도 절반 가량이 물 속에 잠겨 버렸지만 두려워하지 않았다.

물은 점점 더 불어나면서 땅들을 모두 삼켜 버려, 넓은 바다처럼 변하였다. 구름과 달이 물에 비치고, 버드나무와 대나무만이 물 속에서 고개를 내밀고 서 있었다.

왕룽의 집은 언덕 위에 있었으므로 물에 잠기지 않았으나, 다른 사람들의 집은 물 속에 잠겨, 남자들이 배나 뗏목을 타고 다녀야 하였다.

식량이 떨어지고 굶는 사람들이 생겨났다.

그러나 왕룽은 아무 걱정이 없었다. 곡물 시장에서 받은 돈이 있었고, 집 곳간에는 지난 2년 동안 거두어들인 곡식들이 가득 차 있었기 때문이다.

그리고 왕룽의 집은 높은 언덕에 있었으므로, 물에 잠긴 낮은 곳과는 거리가 멀었다. 그러나 땅의 대부분은 농사를 짓거나 가꾸기가 어려웠다. 심어 놓은 것들도 모두 물에 잠겨 올 농사는 허사였다.

좋은 음식을 배불리 먹고, 실컷 잠자고, 해야 할 자질구레한 일들을 그때 그때 하고 나면 할 일이 없었다.

헌 지붕을 새로 잇고, 쟁기를 수선하고, 가축을 돌보는 일이 주된 일이었다. 그것마저도 다 해치우고 나면 정말 할 일이 없어 답답할 지경이었다.

아버지도 이제는 너무 늙고 쇠약해져서 눈이 반쯤 멀고 귀는 거의 들리지 않는 상태였다.

"춥지 않습니까?"

"배고프지 않아요?"

"차를 드릴까요?"

이런 간단한 말 이외에는 다른 말을 할 필요가 없었다.

찻잔에 찻잎을 넣어 주면 아버지는 늘 이렇게 말하였다.

"물이나 조금 주면 될 텐데, 은화같이 비싼 차를 왜 이렇게 쓰는 거냐? 아끼거라!"

그런 아버지 곁에는 언제나 왕룽의 어린 딸이 친구처럼 같이 있었다.

왕룽은 언제나 오란이 낳은 두 아들과 딸, 그리고 쌍둥이에게 눈길을 돌렸다. 쌍둥이도 벌써 문지방을 예쁘게 뛰어넘어 다니고, 신나게 떠들

정도로 자랐다. 그러나 아이들과 놀아 주는 일도 잠시뿐이었다. 왕룽은 무엇인가 일을 하지 않으면 좀이 쑤셔 견딜 수가 없었다.

왕룽은 오란을 바라보았다. 너무나 가까이 붙어 살아왔기 때문에 속속들이 모르는 것이 없는 오란이었다. 그런데도 처음 보는 여자 같은 기분이 들었다.

오란은 자기의 모습이 남편에게 어떻게 보이든지 상관하지 않고 외모에 전혀 신경을 쓰지 않았다.

왕룽은 그런 오란을 보면서, 머리카락이 거칠고 갈색이라는 것과 윤기가 없고 크고 넓적한 얼굴, 그리고 피부가 몹시 거친 여자라는 사실을 새삼 알게 되었다.

눈, 코, 입이 모두 큼직했고 아름답거나 윤이 나는 구석이라고는 한 군데도 없는 그런 용모였다. 두 눈썹 사이는 너무 벌어져 있고, 눈썹의 숱이 너무 적었으며 입술은 너무 두꺼웠다.

왕룽은 갑자기 소리를 쳤다.

"아마도 당신을 본 사람은 형편없는 가난뱅이 농사꾼의 아내라고 할 것이오. 일꾼을 부리며 농사를 짓는 지주의 마님이라고는 절대로 생각하지 않을 것 같군!"

오란은 깜짝 놀랐다.

남편이 자신의 외모에 대하여 그런 말을 한 것은 처음이었기 때문이다. 긴 바늘로 신발 바닥을 꿰매던 오란은 일손을 놓고 얼굴을 쳐들며 크게 웃었다. 광대뼈가 튀어나온 오란의 얼굴이 진홍빛으로 빨개졌다. 그녀는 중얼거렸다.

"쌍둥이를 낳은 뒤부터는 건강이 좋지 않아요. 뱃속에 불이 든 것 같이 화끈거려요."

"내 말은 임자가 다른 여자들처럼 머리에 기름을 발라 보라는 거요.

지금 입고 있는 옷이나, 신발이 당신에게 어울리지 않는다는 것이오. 이제 모양을 좀 내라는 말이오!"

왕룽은 이렇게 말하였다.

그녀는 아무 말 없이 왕룽을 물끄러미 바라보았다. 가난했던 결혼 초기의 생활과, 아이를 낳자마자 밭으로 일을 하러 갔던 일들이 떠올랐다.

왕룽은 다시 입을 열었다.

"나는 열심히 일을 해서 부자가 되었소. 이제 당신도 덜 촌스러웠으면 좋겠소."

왕룽은 그러면서 밖으로 나갔다. 오란에게 투정을 부리는 것 같아 미안했기 때문이다.

읍내로 들어가던 왕룽은 오란이 그 부잣집에서 보석을 가지고 오지 않았다면 평생을 걸려도 그 넓은 땅을 살 수 없었을 것이라는 생각을 하였다.

그렇지만 오란에 대한 불만은 좀처럼 사그라들지 않았다.

'오란이 보석 주머니를 발견하지 못했더라면……. 그리고 내가 오란의 목에 걸려 있는 그것을 못 보았더라면…….'

그러면 오란은 지금도 아무 말 없이 보석 주머니를 목에 걸고 있을 것만 같았다.

왕룽에게는 모든 것이 점점 더 아득하게만 여겨졌다. 형편없던 시골 놈인 자신이 갑자기 부자가 되고, 예전 같으면 들어가기가 망설여지던 찻집이 이제는 별것 아니게 느껴졌다. 찻집에 들어가서도 이제는 아무런 부담이 없고, 여간 자랑스럽게 느껴지는 것이 아니었다.

그러나 오늘만은 그렇지 않았다. 오란에게 너무 심한 말을 하고 나왔기 때문이다.

차를 마시던 왕룽은 갑자기 이런 생각이 들었다.

'내가 왜 이런 곳에서 차를 마시지? 이 집은 내 하인보다도 수입이 못한 곳인데! 또 나는 아이들에게 학문을 가르치는 지주가 아닌가!'

왕룽은 후닥닥 일어나서 찻값을 지불하고 밖으로 나왔다. 바로 옆에는 남쪽 도시에서 온 사람이 차린 고급 찻집이 있었다.

왕룽은 거만한 표정과 태도를 보이며, 그 찻집으로 들어갔다. 그는 조용히 앉아서 차 한 잔을 시켜 마시면서 찻집의 분위기를 살펴보았다.

그 뒤로 왕룽은 땅들이 물 속에 잠겨 있는 동안 날마다 이 찻집에 단골 손님처럼 드나들었다. 그런데 비단옷이 아닌 무명옷을 입고 찻집을 드나드는 촌뜨기는 왕룽 혼자뿐이었다.

어느 날 저녁, 구석진 곳에서 혼자 차를 마시고 있던 왕룽은 이층 계단에서 내려오는 여자를 보았다.

"아니! 농부 왕룽 씨 아니세요?"

여자는 웃으면서 왕룽에게 다가왔다. 황 부잣집 땅을 사던 날, 땅값으로 왕룽이 건네준 보석을 받은 두견이라는 여자였다.

"아! 여기서 당신을 만나다니, 반갑소!"

왕룽은 어깨를 펴고 당당하게 말하였다.

"우리 집 술맛이 좋아요, 왕룽 씨! 혹시 그 술 드셔 봤나요?"

"나는 아직 차밖에……."

두견은 깔깔 웃으면서 바싹 다가앉았다.

왕룽은 고개를 떨구었다. 다른 사람들이 자신을 조롱하고 비웃는 것 같았기 때문이다. 그러나 아무도 왕룽을 바라보고 있지 않다는 것을 알고 있었다.

"저 그림 속의 아가씨 가운데 마음에 드는 사람을 고르시고 은화를 여기 놓으시면 그 아가씨와 즐길 수 있어요."

왕룽은 눈을 크게 뜨며 깜짝 놀랐다.

두견은 종업원들에게 눈을 돌리더니 나직한 목소리로 말하였다.

"여기 촌놈이 있다!"

그러나 왕룽은 그림 속의 아가씨들에게 정신이 빠져 그 말을 듣지 못하였다.

'아! 마르멜로 나무에 핀 아름다운 꽃송이 같군!'

왕룽은 중얼거리며 찻값을 지불한 뒤 밖으로 나와 집으로 향하였다.

벌써 캄캄해진 거리에는 그물 같은 달빛이 유유히 흐르고 있었다.

왕룽의 몸에서는 아무도 모르는 뜨거운 피가 거꾸로 솟아오르는 것 같았다.

들뜬 마음

홍수는 아직도 들판을 덮어서 해질 무렵에 불어오는 산들바람에 잔물결을 지었다.

아버지는 언제든지 낮잠을 늘어지게 자고, 두 아들은 날마다 아침이면 서당에 가서 저녁 무렵에나 집으로 돌아왔다. 왕룽은 아무 할 일 없이 지내다가 이따금씩 오란의 얼굴과 마주쳤다.

그것이 거북스러워 밖으로 나와 이리저리 서성거리기도 하고, 때로는 의자에 주저앉아 있기도 하였다.

오란이 따라 주는 차도 마시지 않고 담배에 불을 붙인 채 그냥 내버려두기도 하였다.

7월 어느 날, 한여름의 긴 해가 서산으로 넘어가고 있었다. 왕룽은 황혼 무렵에 호수로 변해 버린 들판을 바라보다가, 방으로 들어가 두루마기를 꺼내 입고 말없이 밖으로 나왔다.

새 두루마기는 명절에 입으라고 오란이 정성껏 만든 것인데, 검은색이 마치 명주처럼 보였다.

왕룽은 쏜살같이 달려서 고급 찻집으로 들어갔다.

왕룽을 본 두견은 빈정거리는 말투로 말하였다.

"나는 누구시라고? 농부 왕룽 씨군요!"

왕룽은 빈정거리며 멸시하는 듯한 말투에 화가 치밀어 전에 없이 대담하게 지껄였다.

"그렇다! 이 농사꾼의 짠맛을 보여 주마."

그러자 두견은 더욱 경멸하는 웃음을 터뜨렸다.

"당신도 돈이 있으면 남들처럼 멋지게 놀 수 있지요!"

왕룽은 두견에게 허리춤에서 은화 한 줌을 집어 내보이면서 물었다.

"이 정도면 되는가?"

"그럼요! 되고말고요. 어느 것이 마음에 드세요?"

두견의 태도가 싹 바뀌었다.

왕룽은 어리둥절해서 아무렇게나 지껄였다.

"글쎄, 나는 어느 것이 좋은지 모르겠는걸!"

두견은 왕룽을 데리고 사람들이 모여 있는 탁자 사이를 걸어갔고, 왕룽은 조금 떨어져서 걸어갔다.

"시간이 꽤 된 모양이네. 벌써 위층으로 가는 사람이 있어."

누군가가 이렇게 말하는 소리가 들렸다.

"초저녁부터 즐기러 가는 놈이겠지 뭐."

이렇게 조롱하는 소리도 들렸다. 그러나 두견과 왕룽은 벌써 계단을 올라가고 있었다. 생전 처음 이런 곳을 올라가는 왕룽은 불안한 마음이 들었으나 마음을 다져 먹었다.

"얘야, 손님이 오신다!"

두견이 어느 방 앞에서 말하자, 여기저기서 방문이 열리며 젊은 여자들이 고개를 내밀었다.

왕룽은 두견이 안내하는 방으로 들어갔다. 방 안에는 꽃무늬를 수놓은 붉은 깃을 씌운 침대 위에 아담한 체구의 예쁜 여자가 앉아 있었다.

왕룽은 지금까지 한 번도 본 적이 없는 미인인 연화라는 여자를 보고 깜짝 놀랐다.

작은 손의 마디는 가늘고 손가락 끝에 연꽃 빛을 진하게 물들인 긴 손톱이 말할 수 없이 아름다웠다.

왕룽은 연화 곁에 앉아 그림을 보듯 그녀의 얼굴을 자꾸 쳐다보았다.

왕룽은 한참 동안 아무 말도 없이 연화의 얼굴만 바라보았다. 아무리 보아도 그녀의 얼굴이나 몸집은 이 세상의 사람이 아닌, 그림에서나 볼 수 있는 선녀 같았다.

연화는 그 작고 보드라운 손을 들어서 왕룽의 어깨에 얹었다가 가만히 왕룽의 팔을 타고 내려갔다.

왕룽은 넋이 나간 사람처럼 가만히 앉아 있었다.

"허우대는 좋은 양반이 아무것도 모르시나 봐요. 밤새도록 이렇게 앉아서 아무 말 없이 쳐다보기만 하실 거예요?"

"나는 아직 아무것도 몰라. 좀 가르쳐 줘요."

왕룽은 연화가 하는 대로 가만히 있었다. 왕룽은 열병에 걸린 사람처럼 괴로웠다.

쨍쨍 내리쬐는 여름 햇살 아래서 일하는 고통보다도, 찬바람에 살을 에는 듯한 고통보다도, 남쪽 도시에서 인력거를 끌고 다닐 때의 고통보다도 더 큰 괴로움이었다.

그 뒤, 왕룽은 날마다 찻집에 가서 연화가 부를 때까지 끈기 있게 기다렸다. 그리하여 날마다 연화와 만났으나 언제나 촌뜨기같이 멋없는 차림이었다. 그러면서 한여름 동안 왕룽은 연화에게 빠져서 지냈다. 연화가 어디에서 왔으며, 어떤 여자인지 알려고도 하지 않았다.

그러나 자기 혼자서 연화를 좋아하고 정작 연화는 자신에게 별 관심이 없다는 것을 알게 된 왕룽은, 오란과 아이들이 어떤 말을 하든, 진 서방이 와서 농사일을 걱정하든 화만 내었다. 연화를 짝사랑하는 탓에 왕룽은 성격만 거칠어졌다.

"들에 물이 빠질 것 같아요. 어떻게 할까요?"

그러나 왕룽의 대답은 시큰둥하였다.

"왜들 귀찮게 굴지!"

오란과 아이들은 물론이고 아버지도 날로 거칠어지는 왕룽을 이상하게 생각하였다.

"얘야! 너 요즘 어디 아프니? 왜 그러냐? 성격이 점점 사나워지는 것 같고, 안색도 안 좋구나! 무슨 이유가 있느냐?"

어느 날, 왕룽은 연화에게 큰 비웃음을 당하였다.

"남쪽에서는 그렇게 원숭이 꼬리 같은 머리를 달고 다니는 사람은 아무도 없어요."

왕룽은 아무 말 없이 거리로 나가 즉시 변발을 잘라 버렸다. 다른 사람들이 그렇게 비웃고 흉을 보아도 자르지 않던 변발이었다.

오란은 왕룽의 머리를 보고 질색을 하였다.

"아니! 그렇게 목숨같이 귀하게 여기던 변발을 잘라 버렸다는 말이에요?"

그 말에 왕룽은 언성을 높였다.

"언제까지나 썩어 빠진 낡은 관습을 지켜야 하나?"

그리고는 또 덧붙였다.

"성안 사람들이 모두 머리를 깎는 줄도 모르는 멍청이가 웬 참견이야?"

왕룽은 큰소리를 쳤으나, 한편으로는 두렵기도 하였다.

식구들은 왕룽의 변화를 보고 무슨 영문인지 알 수가 없었다.

변발을 잘라 버리고 향기 좋은 비누를 사다가 날마다 몸을 씻는 왕룽이 무척 이상하게 여겨졌다.

지금까지는 오란이 지어 주는 대로 옷을 입던 왕룽이 요즘은 읍내 옷가게에서 재봉틀로 박아 만든 유행하는 옷만을 입었다. 회색 명주 두루마기도 지어 입고, 검은 공단으로 소매 없는 긴 옷도 맞추어 입었다. 그리고 우단으로 만든 신발도 사 신었다.

그러나 왕룽은 오란과 아이들 앞에 이런 차림을 도저히 보일 수가 없었다. 왕룽은 옷가지들을 찻집 종업원에게 맡겨 두고 언제든지 연화를 만나기 전에 갈아입었다. 그래서 찻집 종업원에게도 상당한 돈을 쥐어 주었다.

왕룽은 머리에 기름도 발랐다.

오란은 변해 가는 왕룽의 모습을 보고 의아해하였다. 왜 왕룽이 그렇게 변해 가는지 알 수가 없었다.

어느 날, 오란은 왕룽을 바라보다가 침통한 어조로 말하였다.

"요새 당신 모습이 꼭 황 부잣집 영감 같아요."

왕룽은 이 말을 듣자 크게 한바탕 웃더니 매우 만족한 표정을 지으며 말하였다.

"아! 이제 나도 부자인데, 언제까지나 머슴 같은 차림을 할 수는 없지 않소?"

왕룽의 손에 있던 돈은 거짓말처럼 흘러나갔다. 연화 곁에서 지내는 사이에 연화의 여러 가지 소원을 들어주지 않을 수 없었다. 연화의 소원을 다 들어주다 보니 손안의 돈이 소리도 없이 자취를 감추고 마는 것이었다.

은화는 왕룽의 주머니에서, 벽에서 계속하여 연화에게로 흘러들어가고 있었다.

오란은 그걸 알면서도 어디에 쓰느냐고 묻지도 못하고 슬픈 표정으로 그저 왕룽을 바라볼 뿐이었다.

그녀는 남편이 자기를 잊어버리고 소중한 땅도 잊은 채 다른 곳에 정신을 팔고 있다는 것을 짐작하였다. 그러나 그것이 무엇인지 도무지 알 수가 없었다.

왕룽은 오란이 쳐다보기만 하면 화난 얼굴을 하여 아무 말도 물어볼 수가 없었다.

첩, 연화

왕룽의 삼촌이 느닷없이 나타나는 바람에, 왕룽의 사랑놀이는 일단 멈추게 되었다.

아마도 삼촌이 나타나지 않았다면 왕룽의 손에 있던 은화는 한 닢도 남아 있지 않고 몽땅 바닥이 날 뻔하였다.

이른 아침에 식사를 하려고 하는데 여느 때와 똑같은 차림을 한 삼촌이 들어왔다.

삼촌을 본 왕룽은 너무 놀라 입이 벌어진 채 아무 말도 할 수 없었다.

아버지는 눈을 깜박거리며 자신의 동생을 바라보았으나. 미처 동생인지도 알아보지 못하였다.

"형님, 안녕하십니까? 접니다."

삼촌은 오란에게도 인사를 하였다.

"조카, 그리고 조카며느리, 어린 조카들도 잘 있었느냐?"

그 때서야 왕룽은 자리에서 일어났다. 속마음은 언짢았으나 겉으로는 예의를 지킬 수밖에 없었다.

"안녕하셨어요, 삼촌. 식사는 하셨나요?"

"아니다! 같이 먹어야겠구나."

삼촌은 허물없이 대답하고는 금세 자리를 잡고 앉았다. 밥그릇 하나와 젓가락을 잡아당기더니 밥과 소금에 절여서 말린 물고기, 절인 홍당무, 말려서 볶은 콩자반 등을 정신 없이 먹어대었다.

아무 말 없이 밥을 다 먹고 난 삼촌은 다시 입을 열었다.

"아! 이제 허기는 채웠으니 한잠 자야겠다. 사흘 밤낮을 한잠도 못 잤더니……."

왕룽은 어안이 벙벙해져 어쩔 줄을 몰랐다. 왕룽은 아버지 침대로 삼촌을 안내하였다.

"참! 네가 부자가 되었다는 소문은 들었다. 그런데 이렇게 큰 부자가 된 줄은 정말 몰랐는걸!"

삼촌은 이렇게 말하고는 아버지 침대에 벌렁 누워 잠을 잤다.

'아마도 삼촌은 이제 우리 집에서 떠나지 않으려 할 것이다. 이를 어쩌나?'

왕룽은 이런 생각이 들자 큰 골칫거리가 생겼다고 느껴졌다. 그리고 일은 왕룽이 생각했던 대로 진행되었다.

한낮이 넘도록 늘어지게 자고 일어난 삼촌은 기지개를 세 번이나 크게 켜더니 왕룽에게 말하였다.

"얘야, 가서 마누라와 아이를 데려와야겠다. 식구라고 해봐야 이제 셋밖에 없으니, 큰 부자인 네 집에 얹혀 살아도 큰 걱정은 없을 거야. 안 그런가, 조카!"

왕룽은 너무 어이가 없어서 말도 못하고 무뚝뚝한 표정으로 삼촌을 바라보았다. 왕룽은 이제 부자가 되었으므로 삼촌 식구들을 박대하거나 몰아낼 수도 없었다.

만일 그렇게 한다면 동네 사람들이 모두 자신을 손가락질할 것이 뻔하였다. 왕룽은 문간방 하나를 비워 삼촌에게 주었다. 삼촌은 식구들을 데리고 들어와 그 방에서 지냈다. 왕룽은 무척 화가 났지만 어쩔 도리가 없었다. 그래서 사흘 동안은 읍내에 나가지 않았다.

"화내지 마세요. 참아야 해요."

오란은 왕룽에게 이렇게 말하였으나, 왕룽은 연화 생각이 간절하여 다른 사람의 말은 귀에 들어오지도 않았다.

"사람 사는 집에 들개들이 들끓으면, 집주인은 다른 데서 평화를 찾아야 하거든."

왕룽은 이렇게 중얼거렸다.

오란은 너무 순진하고 단순해서 눈치를 못 챘으나, 숙모는 조카의 의도를 금세 알아차렸다.

"조카가 딴 데 가서 꽃을 꺾는군!"

오란이 말귀를 알아듣지 못하고 머뭇거리자 숙모는 깔깔대며 웃었다.

"자네 남편이 다른 여자에게 정신을 팔고 있다고!"

왕룽은 창 너머로 숙모의 이야기를 듣고는 깜짝 놀랐다. 그는 갑자기 정신이 번쩍 났다.

"남자가 머리를 다듬고 새 옷을 사 입고, 신발을 비단으로 만들어 신게 되면 그것은 새 여자를 만나고 있다는 증거야!"

오란이 무어라고 더듬거렸는데 그 말이 왕룽에게는 들리지 않았다.

"이 사람아! 세상 어느 남자가 한 여자로 만족하나? 자네는 남편과 조카들을 위하여 소처럼 일만 한 바보 같은 여자야. 돈을 번 조카가 이제 다른 여자에게 마음을 쏟고 있으니 이미 때는 늦었어."

왕룽은 더 이상 숙모의 이야기를 듣고 싶지 않았다. 그는 슬그머니 밖으로 나가서 숙모를 불러내었다. 그리고 대추나무 아래로 가서 이야기를 털어놓았다.

"숙모님 말씀이 맞아요. 이제 먹고 사는 데는 아무 걱정이 없어요. 그러니 그렇게 못할 이유도 없지요."

"글쎄, 누가 아니래나? 돈푼이나 생겼으니 그럴 만도 하지!"

"그런데 누가 중매쟁이를 하지요? 제가 직접 그 여자를 집으로 데려올 수도 없고……."

왕룽은 은연중에 숙모에게 중매를 서 달라는 뜻을 내비쳤다.

"좋아, 모든 일은 나에게 맡기게. 누군가, 그 여자가?"

"연화라는 여자인데……."

"여자 집이 어디인가?"

"읍내 큰 찻집 이층……."

왕룽은 퉁명스럽게 말하였다.

"그건 어려운데! 그 여자를 데리고 있는 주인이 누군가?"

"황 부잣집에 있던 두견이라는 여자예요."

숙모는 중매 일에 나섰다.

왕룽은 그 때부터 연화에게 가지 않고 기다리고 있었다. 그러나 한편으로는 연화가 오지 않는다고 할까 봐 불안하기도 하였다.

그러나 숙모는 일을 서두르지 않았다. 보다못한 왕룽이 독촉을 하자 숙모는 버럭 소리를 질렀다.

"원, 급하기도 하지. 걱정 말게! 내가 뭐 중매를 한두 번 서 보는 줄 아는가?"

왕룽은 손가락을 깨물며 답답한 마음을 억지로 달래었다.

왕룽은 연화를 맞아들일 준비를 하면서 공연히 오란만 들볶았다. 그럴 때마다 오란은 겁에 질려 떨기만 하였다. 왕룽은 한 집에 두 여자가 있으려면 방이 더 있어야 하고, 안뜰도 더 넓어야 한다고 생각하였다.

그래서 왕룽은 일꾼을 시켜 안채에 붙은 마당을 둘러싸고 방 세 개를 더 만들도록 시켰다. 기와도 새로 얹고, 커튼도 새로 만들고 탁자와 침대도 새로 들여왔다. 그러면서도 오란에게는 한 마디 상의도 없었다.

이제 모든 준비는 끝났다. 그러나 한 달이 다 지나도록 숙모에게서는 아무런 기별이 없었다.

연화가 오기만을 기다리고 있던 왕룽은 안마당에다 작은 연못을 만들었다. 그리고 연못 안에 금붕어도 몇 마리 사다 넣었다. 그러나 연화를 기다리는 마음은 안달이 나서 못 견딜 정도였다.

드디어 어느 날 아침, 오란은 큰 소리로 흐느껴 울었다.

왕룽은 오란이 이렇게 큰 소리로 우는 것을 처음 보았으므로 놀라기도 하였지만, 오히려 더 큰 소리로 야단쳤다.

"이봐! 왜 이렇게 소란이야?"

"제가 뭘 잘못했기에! 아들을 낳아 주었는데……. 아들을 낳아 주었는데……."

오란이 흐느껴 울자, 왕룽은 더 이상 아무 말도 하지 못하였다.

그런 일이 있고 난 며칠 후, 숙모가 왕룽을 불러내었다.

"일이 잘 되었네. 일시불로 은화 백 닢을 내놓으라고 하네. 그리고 비취 귀고리와 반지, 금반지, 공단 옷 두 벌, 비단옷 두 벌, 신발 열두 켤레, 이불 두 채를 달라고 하네."

그러나 왕룽은 일이 잘 되었다는 말에 기쁨이 넘쳐 자세한 이야기는 건성으로 들었다. 그는 숙모에게 다짐을 하였다.

"아직은 비밀입니다. 수고하셨어요."

왕룽은 숙모 손에 은화를 잔뜩 쥐어 주었다.

그는 곧바로 온갖 음식을 차려 잔치 준비를 서둘렀다.

8월 마지막 날, 연화는 드디어 왕룽의 집으로 왔다. 왕룽은 멀리서 그녀가 오는 것을 지켜보았다. 가마를 타고 오는 연화 뒤에는 두견이 따라왔다.

왕룽은 순간 겁을 집어먹으며 혼자 중얼거렸다.

"아! 내가 우리 집안에 무얼 들여놓으려고 하고 있지?"

왕룽이 안절부절못하고 있는데 숙모가 불렀다.

"조카! 나와서 새색시를 맞게나!"

그 때 다른 사람들이 수군거리는 소리가 들렸다.

"화류계 여자 같은데……."

두 여자

옛날부터 한 집에 두 여자가 함께 살아서 평화로운 법은 없었다.

왕룽의 집에 연화와 두견이 한꺼번에 들어왔으니 아무런 불평이 일어나지 않으리라고는 생각할 수 없었다.

그러나 왕룽은 그런 생각조차 못했던 것이다.

오란의 뾰로통한 기색과 두견의 날카로운 목소리를 보고 들을 때마다 불안하기는 하였지만, 연화와의 사랑 놀음에 빠져 그런 것들을 돌아볼 겨를이 없었다.

그러나 시간이 지나면서 왕룽도 서서히 제정신이 돌아왔다. 그는 연화와의 열병 같던 사랑이 조금 누그러들자 뜻밖의 사실을 발견한 것이었다.

그 한 가지는 오란과 두견과의 무서운 감정 싸움이 벌어진 것이다. 오란이 연화를 미워하리라는 것은 짐작한 일이었으나, 두견과 문제를 일으키리라고는 생각지도 못했던 일이었다.

흔히 첩을 집에 들이면 본처가 대들보에 목을 매어 죽거나, 아니면 남편을 들볶는다고 하지만, 오란은 그런 내색을 전혀 하지 않았다. 그런 오란이 연화에게는 잠자코 있는 대신 두견에게 화풀이를 할 줄은 꿈에도 생각지 못한 일이었다.

두견이 온 것은 연화의 뜻을 받아들였기 때문이었다. 연화가 눈물까지 흘리면서 같이 가서 살자고 하였기 때문이다.

그러나 오란은 두견을 보면서 심한 분노를 느꼈다. 옛날 황 부잣집에 있을 때 두견은 세도가 당당한 영감의 몸종이었고, 오란은 부엌데기였던 것이다.

지금은 오란의 남편인 왕룽으로부터 상당한 보수를 받고 있는 두견은 오란을 보자 정답게 말을 걸었다.

"옛날 친구와 한집에 살게 되었군. 이번에는 임자가 대부인이고 나의 주인이지. 참 세상은 알 수 없다니까……."

그러나 오란은 아무 대꾸도 없었다. 오란은 물동이를 내려놓고 왕룽에게로 갔다.

"저 종년은 무엇 하러 집에 들였어요?"

"왜, 그게 어쨌단 말이오?"

"저는 황 부잣집에서 줄곧 저 종년에게 구박을 받았어요. 저 종년은 하루에도 몇 번씩 부엌에 들어와서 차를 끓여라, 진지를 차려라, 이건 너무 뜨겁다, 이게 어디 음식이냐, 못생긴 것, 느린 년 하며 저에게 모질게 굴었어요."

그 말에 왕룽은 무슨 말을 해야 할지를 몰랐다.

오란의 눈에서는 뜨거운 눈물이 흘러내렸다. 오란은 앞치마 자락으로 눈물을 닦으며 목이 메어 말하였다.

"너무 심하군요. 저는 나가 봐야 몸 붙일 곳도 없는 사람이에요."

왕룽은 아무 대답 없이 담배만 피웠다.

오란은 더 이상 말을 하지 못하고 왕룽만 바라보았다. 그러다가 허둥지둥 밖으로 나갔다. 눈물이 앞을 가려서 잘 보이지 않았다.

왕룽은 오란이 나가는 것을 보고 겨우 숨을 돌렸으나, 부끄러운 마음이 드는 것은 어쩔 수가 없었다.

왕룽은 혼자 중얼거렸다.

"남자는 원래 다 그런 거 아닌가! 나는 아내에게 조금도 지나치게 하지 않았어. 나보다 더 악한 남자들이 얼마나 많은가!"

그러면서 오란이 참아야 한다고 생각하였다.

그 후로도 오란은 묵묵히 자기가 해야 할 일들을 열심히 하였다.

다른 때와 마찬가지로 아침에 물을 끓여서 아버지에게 드리고, 왕룽이 연화에게 가지 않고 있을 때는 그에게도 주었다.

연화에게 더운물을 주려고 두견이 나오면 언제나 더운물은 바닥이 나 있었다. 두견이 아무리 방정을 떨어도 오란은 대꾸가 없었다.

"연화 아가씨가 목이 말라서 더운물을 달라고 하는데 어떻게 하지?"

두견이 떠들어댔으나 아침을 준비하고 있는 터라, 빈 솥이 없어 물을 끓일 수가 없었다. 오란은 못 들은 체하고 잠자코 아침 준비만 하였다.

오란은 지금도 가난했던 때와 마찬가지로 나무 한 개비라도 아껴 아궁이에 지폈다.

"물을 끓일 때 조금만 더 넣어 끓이면 될 것을 그래?"

두견의 이 말에 오란은 심한 증오가 불타올랐다.

"나는 이 집 종년의 종이 아니란 말이야!"

그러자 왕룽이 오란의 어깨를 툭 치며 말하였다.

"이 바보야! 두견을 위한 것이 아니라, 연화를 위한 것이잖아!"

그러나 오란은 꼼짝도 않고 왕룽을 쳐다보면서 태연하게 물었다.

"제 진주 두 개는 누구를 주었지요?"

이 말에 왕룽은 온몸의 힘이 쭉 빠지고 기가 막혀서 아무 말도 하지 못하였다.

왕룽은 밖으로 나갔다. 두견도 따라 나갔다.

"부엌을 따로 내고, 솥도 따로 걸어야겠어."

그런데 새로 부엌을 만드는 것이 그처럼 괴로운 일이 될 줄은 전혀 예상하지도 못했다.

두견은 날마다 시장에 가서 남쪽에서 올라오는 값비싼 반찬만 사오는 것이었다. 야자 열매나, 쌀가루로 만드는 여러 가지 과자, 붉은 사탕가루, 소금에 절인 고기 등 오란은 평생 동안 한 번도 먹어 보지 못한 것들을 수없이 사오는 것이었다. 돈이 몇 배나 들어가고, 남는 돈은 모두 두견의 몫이 되었다.

"너는 내 살을 깎아 먹는 것이나 다름없어."

왕룽이 이렇게 야단을 치면 두견은 펄펄 뛰며 대들었다. 그러므로 왕룽은 두견이 달라는 대로 돈을 내줄 수밖에 없었다. 왕룽은 혼자 애만 끓이고 있는 사이에 연화에 대한 사랑도 점점 식어 갔다.

그런 가운데 또 한 가지 마음을 괴롭히는 일이 생겼다. 그것은 좋은 음식만 탐내는 숙모가 거리낌없이 연화에게 드나드는 것이었다.

왕룽은 숙모가 연화와 가까이 지내는 것이 싫었다. 그것이 몹시 눈에 거슬렸다.

"숙모와 연화가 함께 지내다 보면 연화가 숙모의 나쁜 기질을 닮을 텐데……."

왕룽은 연화를 타이르기도 하고 달래도 보았으나 소용이 없었다.

"연화! 왜 늙고 뚱뚱하고 나쁜 사람을 가까이하는 거야? 나는 연화가 혼자 있는 것이 좋아. 숙모는 거짓말쟁이이고 믿을 수 없는 사람이야.

그런 사람을 가까이하는 게 나는 싫어!"

왕룽의 말을 들은 연화는 금세 뾰로통해서 톡 내쏘았다.

"그럼, 이 집에서 당신밖에 만날 사람이 없지 않아요! 도대체 심심해서 견딜 수가 없어요. 나를 미워하는 당신의 첫째 부인과 아이들뿐인데, 나는 어쩌면 좋아요?"

그리고는 왕룽을 억지로 내쫓고 방문을 걸어 잠갔다.

왕룽은 슬픈 듯이 두 손으로 빌면서 이야기하였다.

"그래, 내가 잘못했다! 네가 하고 싶은 대로 하거라!"

왕룽은 그 뒤 숙모와 연화가 늘 붙어 있다시피 지내면서, 맛있는 음식만 먹어 살이 찌고 기름기가 번들거리는 것이 무척 눈에 거슬렸다.

왕룽은 숙모와 연화 모두에게 노여움이 쌓이고, 마음대로 할 수 없는 자신이 안타까웠다.

더구나 오란과도 터놓고 이야기할 수 없는 사이가 된 것이 무엇보다도 안타까웠다. 그러는 사이에 왕룽은 자기도 모르게 날로 성격이 거칠어지고 행동이 사나워졌다.

아버지는 집안에 새 식구가 들어온 것도 전혀 모르고 있었다. 귀가 먹어서 전혀 이야기를 들을 수 없었기 때문이다.

어느 날, 아버지가 왕룽이 연화와 안뜰에서 연못의 금붕어를 보고 있는 장면을 보았다.

"우리 집에 첩이 웬 말이냐?"

아버지는 펄쩍 뛰었다.

"옛날부터 우리 집에는 첩은 없었다. 나도 그랬고, 할아버지도 그랬다. 우리는 농사꾼이야. 저 여자는 몸을 파는 여자야!"

아버지는 화를 버럭 내며 침을 퉤퉤 뱉었다.

이 일로 왕룽은 몹시 혼란에 빠졌다. 왕룽의 가슴에는 새로운 소리가 들렸다. 그것은 연화에 대한 열병 같은 사랑이 아니라 땅에 대한 절규였다.

대지로 돌아오다

검은 흙이 사랑에 들뜬 왕릉을 치료해 주기 시작하였다.

왕릉은 발바닥에 촉촉한 흙의 감촉을 느끼면서, 밀을 심으려고 파헤친 고랑에서 솟아오르는 흙 냄새를 맡았다. 왕릉은 일꾼들에게 지시를 내렸고, 쟁기로 흙을 갈아엎으며 하루 종일 엄청난 양의 일을 하였다.

왕릉은 처음에는 황소들을 몰고 나가 황소 등에서 탁탁 소리가 나도록 채찍을 휘두르며 흙을 갈았다. 그리고 괭이를 들고 흙을 잘게 고르며 부지런히 일을 하였다.

왕릉은 일을 하는 것이 마냥 신이 났다. 자기의 손이 자기 땅 위에서 부지런히 움직이고 있다는 것에 큰 보람을 느꼈다.

왕릉은 땅 위에 누웠다. 대지의 건강한 기운이 피부 깊숙이 스며드는 것을 느끼면서 스르르 잠이 들었다.

밤이 될 때까지 늘어지게 잠을 잔 왕릉은 잠에서 깨어나 성큼성큼 집을 향하여 걸었다. 왕릉은 몸은 몹시 고되었지만 마음은 무척 즐거웠다. 안마당으로 들어서자 비단옷을 걸친 연화가 거닐고 있었다.

왕릉을 본 연화는 옷에 흙이 잔뜩 묻은 것을 보자 비명을 질렀다. 그리고는 그가 가까이 가자 몸을 피하였다.

"이제 알았지? 네 주인이 농부라는 것을. 너는 농부의 아내야."

연화는 왕릉의 말에 기겁을 하며 소리쳤다.

"당신이 뭐가 되든 나는 농부의 아내가 아니에요!"

왕릉은 웃으면서 오란에게로 가서 저녁을 먹었다.

왕룽은 이제 자유로웠고, 그래서 웃을 수 있었다. 그는 자신이 오랫동안 집을 떠나 먼 곳을 헤매었던 것 같은 생각이 들었다.

대지는 어서 갈고 씨를 뿌려 달라고 아우성치는 것 같았다.

연화와의 사랑 놀음에 빠졌던 왕룽의 허실해진 몸은 다시 햇볕에 그을어 건강해 보이는 갈색으로 변하였다.

괭이를 사용한 손바닥이 단단해지고 쟁기를 다룬 흔적이 손바닥 군데군데 굳은살로 남았다.

점심때와 저녁때에는 오란이 지어온 음식을 맛있게 먹어치웠다. 좋은 쌀밥에 배추, 두부, 마늘을 넣은 반찬은 왕룽의 입에 꼭 맞았다.

왕룽이 연화의 방으로 들어가면 연화는 냄새가 난다며 코를 손으로 막고 소리를 질렀다. 왕룽은 이제 건강을 완전히 되찾고 씩씩한 농부로 되돌아왔다.

이리하여 오란과 연화, 두견은 이 집에서 자기들이 맡은 일이 서로 다르다는 것을 깨달았다.

연화는 한낱 장난감이며 쾌락의 도구에 지나지 않았다. 오란은 왕룽을 위하여 일하는 여자였다. 왕룽의 아이를 낳아 주고, 집을 지키며, 남편과 시아버지를 보살피고 아이들을 가르치는 어머니였다.

그런데 왕룽의 생활에 대해 동네방네 떠들고 다니는 사람이 있었다. 바로 그의 삼촌이었다.

"내 조카는 말이야, 우리 같은 촌놈들은 생전 보지도 못한 그런 미인을 첩으로 거느리고 사네. 아주 멋진 놈이지!"

그리고는 또 떠들어댔다.

"우리 마누라가 그러는데, 그 여자 방에 가 보면, 여자는 큰 부잣집 마나님처럼 비단, 공단으로 지은 좋은 옷을 입고 귀부인처럼 지낸다네."

이런 이야기를 들은 동네 사람들은 모두 왕룽을 부러운 눈으로 바라보았다.

그들은 이제 왕룽을 대할 때, 친구나 농사꾼으로 대하는 것이 아니라, 큰 부잣집 주인을 대하듯이 존대를 하였다.

동네 사람들은 왕룽에게 식량을 꾸거나 돈을 빌리러 왔고, 아들딸의 혼사 문제를 의논하러 오기도 하였다. 땅의 경계선을 둘러싸고 시비가 벌어져도 왕룽을 찾아와 이야기하였고, 왕룽이 내려 주는 결정에 따랐다.

그리하여 왕룽은 동네 일로도 무척 바빴으므로 연화와의 사랑에 빠질 틈이 없었다.

겨울이 되자 왕룽은 추수한 곡식들을 팔러 시장으로 나갔다. 일부는 팔아서 생활비로 쓰고, 나머지는 값이 오르면 팔려고 창고에 저장해 두었다.

왕룽은 시장에 갈 때마다 큰아들을 데리고 갔다. 큰아들은 이제는 붓을 들어 글씨도 곧잘 쓰고 다른 사람이 써 놓은 글을 줄줄 읽을 줄도 알았다.

왕룽은 그런 아들이 대견스러웠다. 예전에는 왕룽을 업신여기던 가게 점원들도 큰아들을 보고는 모두 부러워하였다.

"아드님이 글씨를 참 잘 쓰네요. 똑똑한 아드님을 두셔서 좋으시겠습니다."

왕룽은 이런 말을 들으면 기분이 좋아 괜히 헛기침을 하였다.

"이 글자는 나무 목 변이 아니라 삼 수 변을 써야 옳아요."

큰아들이 점원들의 글씨를 지적해 주는 것을 본 왕룽은 너무 기뻐 가슴이 터질 것 같았다.

"얘야! 그러는 게 아니다. 어른들이 실수를 했겠니? 그렇게도 쓸 수

있는 게지."

왕룽은 이렇게 말하면서 점원들을 슬쩍 치켜 주었다. 그러면 큰아들은 아버지의 뜻을 알아차리고 아무 말 없이 틀린 글자를 고친 후, 도장을 찍어 주었다. 돈을 받아들고 집으로 돌아오던 왕룽은 큰아들을 바라보며 마음속으로 생각하였다.

'오, 너는 이제 어른이 다 되었구나! 큰아들이라 집안을 지키고 일으켜야 할 책임이 있지. 참한 며느리를 얻어서 장가를 보내야지. 너는 가난한 나와는 달라. 부잣집 장남이니 여자도 돈 많고 땅 많은 집 딸이라야 해.'

왕룽은 이렇게 결심을 하였다.

그러나 왕룽의 그런 생각은 쉽게 이루어지지 않았다. 그것은 적어도 큰며느리만은 보통 상인 출신이거나 평범한 여자를 맞아들일 생각이 그에게는 조금도 없었기 때문이다.

왕룽은 혼자서 여러 궁리를 하였다.

여기저기 찻집에서 처녀 이야기가 나오면 귀기울여 엿듣고, 읍내에 잘산다는 사람 집에 혼기를 맞은 처녀가 있다면 귀를 세웠다.

왕룽은 큰아들을 위해서는 숙모를 중매쟁이로 내세우고 싶지 않았다.

해가 저물고 눈이 내리는 추운 겨울이었다. 새해 명절이 되자 많은 사람들이 왕룽에게 세배를 하러 왔다.

"글쎄, 더 많은 복을 빌어 드려야 하는데……."

봄이 되고 버드나무의 가지가 고운 녹색으로 곱게 물들어도 왕룽이 기다리는 그런 며느릿감은 나타나지 않았다.

해가 길어지고 따뜻한 날이 계속되는 사이에 큰아들은 소년 티가 가시어 있었다. 그 즈음 큰아들은 밥도 잘 안 먹고, 툭하면 화를 내면서 우울해졌다.

그런 큰아들을 본 왕룽은 덜컥 겁이 났다.

"고기와 밥을 많이 먹으렴!"

큰아들은 왕룽이 타이르면 돌아서고, 꾸짖으면 밖으로 뛰쳐나갔다.

왕룽은 크게 놀랐다. 아들이 왜 그러는지 도무지 알 수가 없었다.

"얘야, 나는 네 아버지다. 무엇이 못마땅한지 나에게 털어놓으렴!"

그러나 큰아들은 흐느껴 울며 아무 말도 하지 않았다. 이제는 서당에도 가려고 하지 않자, 왕룽이 회초리를 들어 서당으로 쫓아 보내는 일이 많아졌다.

큰아들이 서당에도 가지 않고 길거리를 헤매다가 저녁 늦게 집으로 돌아온다는 것을 둘째 아들이 털어놓았다.

"오늘도 형은 서당에 가지 않았습니다."

둘째 아들이 심술궂게 이야기를 하자, 왕룽이 벌컥 화를 내었다.

"그러면 나는 값비싼 학비만 낭비하고 있다는 말이냐?"

왕룽은 화가 나서 대나무 가지로 큰아들을 때렸다. 부엌에 있던 오란이 매달려서 말리느라 대신 매를 맞는 꼴이 되었다. 큰아들은 끄떡도 않고 매를 맞았다. 그런 아들을 보고 왕룽은 놀라지 않을 수 없었다.

그러던 어느 날 저녁, 오란이 왕룽에게 말없이 다가섰다.

"말해 보시오! 어미로서 뭐 할 이야기가 있소?"

"당신 매질은 소용없어요. 저는 황 부잣집에서도 그런 일을 많이 보았어요. 당신은 열심히 농사일을 하시지만, 저 아이는 부잣집 도련님처럼 놀고만 있다는 것을 왜 모르세요?"

"그래! 그 아이가 부잣집 도련님 흉내를 낸다고? 그렇다면 어서 장가를 들이는 수밖에……."

왕룽은 밖으로 나가더니 비단옷을 벗어 던지고 작업복으로 갈아입고는 괭이와 쟁기를 챙겼다.

아들의 탈선

어느 날, 연화는 왕룽이 자기 방에서 멍하니 다른 생각을 하고 있는 것을 보고는 뾰로통해서 말하였다.

"일 년도 못 가서 이렇게 절 푸대접할 줄 알았다면 아예 이 집에 들어오지도 않았을 거예요."

그러자 왕룽은 미소를 지으면서 말하였다.

"음, 늘 당신만 생각할 수는 없지. 나는 당신을 보석처럼 여기고 있어. 요즘 큰아들놈 장가보낼 생각 때문에 걱정이야. 마땅한 며느릿감을 찾지 못하고 있어. 농사꾼의 딸을 데려오기는 싫고, 그렇다고 아무나 중매쟁이로 내세울 수도 없고……."

연화는 평소에 큰아들이 훌륭한 청년이라고 생각하고 마음속으로 좋아하고 있었으나, 생각을 가다듬어 이렇게 말하였다.

"내가 찻집에 있을 때 오던 손님인데, 자기 딸 이야기를 자주 했어요. 아직 어리기는 해도 나처럼 몸집이 작고 예쁘다고요. 내가 좋지만 딸 같아서 어쩔 수가 없다는 둥 가끔 그런 이야기를 했어요."

"어떤 사람인데?"

"좋은 사람이었어요. 돈 많고 마음씨 좋고요. 너그럽고 귀공자 같고 학자처럼 인자했어요."

그러면서 연화는 추억에 잠겼다.

왕룽은 재촉하듯 물었다.

"무얼 하는 사람이지?"

"그건 잘 몰라요. 곡물 가게를 한다고 했던 것 같아요. 두견이 잘 알고 있을지 몰라요."

연화가 두견을 불렀다. 두견은 연화의 말을 듣고 바로 대답하였다.

"아, 그 사람! 곡물 가게 주인 유 생원이에요. 좋은 사람이지요."

왕룽은 여자들의 이야기를 건성으로 들으면서도 궁금한 것을 더 물어보았다.

"그럼, 그 가게가 어디에 있지?"

"돌다리 거리라고 했어요."

왕룽은 그 말에 크게 기뻐하며 손뼉을 쳤다.

"잘 되었군! 거기는 내가 거래하는 집이야. 그것 참 우연의 일치로군 그래!"

왕룽은 신바람이 났다. 자기의 곡물을 사는 가겟집 딸을 며느리로 삼는 것은 매우 좋은 일이라고 생각되었기 때문이다.

그런 왕룽을 보고 두견이 말하였다.

"그럼, 그 일은 제가 맡아서 해볼까요?"

왕룽은 두견의 교활한 얼굴이 마음에 들지 않아 주저하였으나, 연화는 좋다고 부추겼다.

"그게 좋겠어요. 두견이 가서 유 생원에게 물어보면, 서로 아는 사이니까 쉽게 성사될 수도 있잖아요. 더구나 두견은 그런 일에 능하니까 성사가 되면 중매쟁이를 그냥 둘 수 있나요?"

"힘껏 해보겠어요."

두견은 벌써 발벗고 나서겠다는 듯 말하였다.

"쇠뿔도 단 김에 빼라고 했습니다. 지금 곧 다녀올까요?"

그러나 왕룽은 그렇게 서두를 일이 아니라고 하며 말렸다.

"그렇게 급할 것 없어. 아직 아무것도 결정한 것은 아니니까, 그저 생각일 뿐이야."

그러나 두견은 일이 잘 되면 두둑한 돈이 생길 거라고 생각하고, 일을 서둘러 댔다.

왕룽은 밖으로 나가면서 신중하게 말하였다.

"중대한 일이니까 좀더 생각해 본 뒤에 시작하도록 하지."

왕룽은 그 뒤로도 여러 날 동안 결정을 못하고 있었다.

어느 날 새벽, 왕룽은 큰아들이 술에 취해 와서 집 앞에서 토하고 쓰러지는 것을 보았다. 그는 깜짝 놀라 오란을 깨워 아들을 방으로 데리고 들어가서 몇 마디 물어보았다. 그러나 아들은 너무 취하여 아무 말도 못하고 있었다.

왕룽은 아침 일찍 서당에 가려고 나서는 둘째 아들에게 모르는 척하고 물어보았다.

"형은 너하고 같이 안 잤니?"

"예."

"그럼, 어디서 잤니?"

그러자 둘째 아들이 머뭇거렸다.

왕룽은 눈을 크게 뜨고 소리쳤다.

"형님이 말하지 말라고 했는데, 이르면 혼내 준다고 했는데……."

"뭐, 말하지 말라고? 어서 말하지 못하겠느냐!"

"잘 몰라요. 다만 오촌 아저씨와 함께 나가는 것을 보았어요."

왕룽은 그길로 삼촌에게로 갔다. 왕룽의 사촌이 되는 삼촌 아들도 술에 취해 들어오는 것이 보였다.

"네가 우리 큰아이를 데리고 나갔었지?"

"그 아이가 어린아이인가요? 누가 데려가게요. 제 발로 다니는 거죠."

왕룽은 화가 났다.

"어젯밤 어디서 술을 마셨느냐?"

"황 부잣집 바깥채에 사는 양가한테 갔었습니다."

왕룽은 그 말에 맥이 탁 풀렸다. 그 곳은 성안에서도 유명한 술집이었기 때문이다.

나이 든 여자가 하는 술집이라 가난한 사람들이 드나드는 곳이라서 왕룽은 더욱 놀랐다.

왕룽은 아침 먹을 생각도 하지 않고 집을 나섰다. 들길을 걸어가면서도 큰아들의 앞날을 생각하니 눈앞이 캄캄해졌다.

들판에 익어 가는 곡식도 눈에 들어오지 않았다. 왕룽은 성문을 지나 쏜살같이 황 부잣집으로 향하였다.

큰 대문은 활짝 열려 있었다. 왕룽이 대문 안으로 들어섰을 때도 많은 가난뱅이들이 우글거리고 있었다.

"양가의 방이 어디냐?"

왕룽이 다가가서 문을 두드리자 귀찮다는 듯한 목소리로 누군가가 말을 하였다.

"그냥 돌아가시오. 나는 너무 피곤해서 잠을 자야겠소!"

그러나 왕룽은 더 크게 문을 두드렸다. 그러자 방 안에서 칼날 같은 목소리가 들려왔다.

"거 누구요? 자꾸 귀찮게 구는 이가⋯⋯."

"문 여시오!"

"나는 이제 손님을 받을 수가 없어요. 할 이야기가 있으면 이따가 저녁때 다시 오시오."

"나는 그런 일로 온 게 아니오! 내 아들 일 때문에 왔소."

"당신 아들이 어쨌는데⋯⋯."

"간밤에 여기 왔었지요?"

"허! 간밤에도 여러 명이 다녀갔는데, 당신 아들이 누군지 내가 어떻게 아오?"

"또 오거든 쫓아 버리시오!"

"별 희한한 사람 다 보겠네!"

왕룽은 힘없이 돌아섰다.

집으로 돌아온 왕룽은 두견에게 유 생원 집에 가서 혼사 문제에 대하여 알아보고 오라고 일렀다.

왕룽은 삼촌에게 가서 자초지종을 털어놓고 단호하게 말하였다.

"삼촌, 당장 우리 집에서 나가세요!"

"뭐? 그깟 일로 나를 내쫓겠다는 거냐? 어디 쫓아내 봐라!"

삼촌은 화가 나서 윗옷 자락을 풀어 젖혔다.

순간 삼촌의 속옷에 달린 붉은 수염과 붉은 베 조각을 본 왕룽은 소스라치게 놀랐다. 그것은 그 당시 서북 지방에서 노략질을 하는 화적단의 표시였기 때문이다.

그들은 수많은 집들을 불지르고, 여자들을 빼앗고, 착실한 농부들을 잡아다 가두었다.

왕룽은 그런 화적단의 표시를 보고 더 이상 아무 말도 하지 못하고 나오고 말았다.

그는 꿈에도 생각하지 못한 일들이 자기 앞에 다가오는 것을 보며 몸서리를 쳤다.

곡물 가게에서도 시원한 대답은 없었다.

"우리 딸이 예쁘기는 해도 아직 나이가 너무 어려서……, 이제 겨우 열네 살이라 시집보내기에는 너무 어려요. 그러니 지금은 약혼서만 교환하고 앞으로 3년쯤 기다렸다가 나이가 차면 혼례를 올리도록 합시다."

왕룽은 약혼이 성사된 것만으로 만족할 수밖에 없었다. 그러나 3년 동안 큰아들을 달래는 것이 큰 걱정이었다.

그 뒤로 왕룽은 삼촌과 숙모에게 고개를 숙이고 억지로 친절하게 굴수밖에 없었다. 그리고 사촌에게 용돈도 주면서 비위를 맞추었다.

그렇게 하자니 왕룽은 속이 부글부글 끓어오르고, 끝없는 괴로움에 사로잡혔다.

왕룽은 큰아들이 서당에도 나가지 않고 색시 집에 드나드는 것을 알고는, 더 이상 혼자 애를 태울 수가 없어서 오란에게 이야기를 하였다.

"큰아이는 유 생원 집의 뜻대로 3년간 기다렸다가 잔치를 하고, 다른 아이들도 빨리 약혼해 두었다가 때가 되면 서둘러 결혼시킵시다."

오란도 고개를 끄덕였다.

왕룽은 그 뒤 아무 말 없이 묵묵하게 일만 하였다.

오 해

어느 날 점심때, 논일을 하다가 들어온 왕룽에게 큰아들이 다가오며 이야기를 하였다.

"아버지, 저는 학자가 되고 싶어요. 그런데 읍내의 훈장님이 이제는 저에게 가르쳐 줄 것이 하나도 없대요."

"그래? 그럼, 어떻게 하면 좋겠니?"

"남쪽에 있는 큰 도시 학교로 가서 공부하고 싶어요. 새로운 학문을 배우고 싶습니다."

왕룽은 물수건으로 입을 닦으며 말하였다.

"그게 도대체 무슨 뚱딴지같은 소리냐? 너는 그런 곳에 못 간다. 여기서 배우는 것만으로도 충분해!"

그러자 큰아들이 원망스러운 눈으로 왕룽을 바라보며 뭐라고 중얼거

렸다. 왕룽은 그러는 아들이 못마땅하였다.

"할 말이 있으면 똑바로 말해!"

왕룽의 고함 소리에 큰아들도 덩달아 큰 소리로 말하였다.

"좋아요. 저는 남쪽으로 가겠어요. 이런 답답한 집구석에서는 도저히 못 견디겠어요. 뛰쳐나갈 거예요. 그리고 배울 겁니다."

왕룽은 그런 아들을 보면서 자신의 젊은 시절과 비교해 보았다. 아들은 코밑에 벌써 성인이 되었음을 과시하는 콧수염이 나 있었다.

피부는 황금빛으로 빛났고, 손은 여자의 손처럼 고왔다. 누가 보아도 왕룽 자신의 아들이라고는 생각하지 못할 그런 모습이었다.

왕룽은 그런 큰아들이 경멸스럽게 여겨져 소리를 버럭 질렀다.

"그럼 네가 먹는 밥값쯤은 네가 스스로 벌어야 해!"

왕룽은 아들의 글 솜씨와 책을 읽는 재주에 대해서는 까맣게 잊고 있었다.

그날 밤, 왕룽은 연화의 방으로 갔다. 연화는 그저 지나가는 말처럼 가볍게 한 마디 하였다.

"큰아들은 바깥으로 나가고 싶어서 좀이 쑤시나 봐요."

그러자 큰아들에게 화가 나 있던 왕룽은 연화에게 쏘아붙였다.

"그게 자네하고 무슨 상관이야? 큰아이가 이 곳에 드나드는 것을 그냥 놓아 둘 수는 없어!"

그러자 연화가 얼른 대답하였다.

"아니에요, 그건 두견이 한 말이에요."

두견도 옆에서 거들었다.

"누가 보든지 뻔해요. 그처럼 잘생긴 아드님이 그저 빈둥빈둥 놀며 쉬고 앉아 있기에는 너무 큰 어른이 되었다는 말이에요."

그 말을 들은 왕룽은 더욱 화가 치밀었다.

"안 돼! 그 아이는 절대로 못 가! 내 돈을 그렇게 무모하게 낭비할 생각은 없으니까……."

그리고는 두견을 밖으로 내보냈다.

연화와 마주 앉은 왕룽은 아무 말도 하지 않았다.

며칠 후, 큰아들은 더 이상 서당에 가지 않으려 하였다. 이제 열여덟 살이 된 큰아들은 골격이 제 어머니를 닮아서 컸다.

왕룽이 집에 돌아와 보면, 아들은 제 방에서 책을 읽고 있었다.

'그래! 너도 젊은 기분에 갈팡질팡하겠지. 제 갈 길을 잘 몰라 그러는 것일 테지…….'

왕룽은 큰아들에 대하여 모든 것을 잠시 잊어버렸다. 그는 농사를 잘 지어서 연화에게 들인 돈만큼을 다시 벌어들였다.

왕룽은 다시 돈을 아끼는 사람이 되어 있었다.

두견이 해 주는 맛있는 음식을 먹으며 빈둥빈둥 놀고 있어서 포동포동하게 살이 찐 연화는 마치 작은 고양이 같았다. 연화는 이제 젊지는 않았으나, 그 자태는 여전히 고왔다.

왕룽은 다시 생활이 평온해지고, 큰아들도 생각이 바뀌고 마음의 안정을 찾은 것 같아 만족하였다.

어느 날, 왕룽은 옥수수와 쌀을 얼마나 팔면 좋을까 하고 손가락을 꼽으며 계산을 하고 있는데 오란이 들어왔다.

오란은 무척 마르고 눈이 쑥 들어간 것이 병자처럼 보였다. 누군가가 오란에게 어디가 아프냐고 물으면 이렇게 대답할 뿐이었다.

"속이 불덩이처럼 뜨거워요!"

그녀는 3년째 아이를 뱃속에 그냥 넣고 있는 여자처럼 배가 불렀다. 그러나 아이를 가진 것은 아니었다.

그래도 오란은 날마다 새벽 일찍 일어나서 일을 하였다. 왕룽의 눈에는 그런 오란이 식탁이나 의자, 아니면 마당 한쪽에 서 있는 나무 정도로밖에 보이지 않았다. 고개를 축 늘어뜨린 황소나, 음식을 먹지 않는 돼지를 살피는 정도의 주의도 기울이지 않았다.

그런 무관심 속에서도 오란은 혼자 말없이 일만 하였다. 오란은 안뜰에 들어간 적도 없고, 또 들어가려고도 하지 않았다. 어쩌다가 연화와 눈이 마주치면 돌아서서 방으로 들어가고 말았다.

그녀는 말이 없으면서도 부엌일이며 집안일을 계속하였다. 한겨울에도 냇가에 나가서 빨래를 하였다.

'여보, 돈이 있는데 왜 사람을 시키지 않소!'

왕룽은 오란에게 이런 말을 할 생각은 꿈에도 하지 않았다.

왕룽은 자신의 밭일이나 가축 다루는 데 사람이 필요하듯이, 오란에게도 집안일을 하는 데 사람이 필요하리라는 생각은 아예 해보지도 않았다.

그러던 어느 날, 오란은 주위를 둘러보더니 왕룽에게 다가와 말을 하였다.

"여보, 할말이 있는데요!"

"무슨 말인데?"

왕룽은 다소 놀라는 표정이었다.

"큰아이가 너무나 자주 안마당에 들어가요. 당신이 나가시기만 하면 그 아이가 그리로 들어가요."

"그게 무슨 소리야?"

왕룽은 도무지 믿을 수가 없다는 듯이 오란을 바라보았다. 너무나 못생긴 얼굴이었다. 왕룽은 지나가는 말처럼 한 마디 하였다.

"꿈을 꾸고 있나 보군!"

그러자 오란이 머리를 저었다. 그리고는 한 마디 더 하였다.

"언제 한번 낮에 갑자기 돌아와 보세요."

오란은 이렇게 말한 뒤 잠자코 찻잔을 들었다.

잠시 후, 오란이 말하였다.

"큰아이를 집에서 내보내는 게 좋겠어요. 남쪽이면 어떻겠어요?"

그리고 나서 오란은 조용히 물러났다. 왕룽은 그런 일로 괴로워하고 싶지 않았다.

'큰아이는 날마다 제 방에서 책을 읽고 있지 않았던가?'

왕룽은 혼자 이렇게 중얼거리며 웃었다. 오란이 연화를 질투하고 있다고 생각하였다. 그러나 오란의 이야기가 한편으로는 걸렸기 때문에 왕룽은 직접 눈으로 확인해 보아야겠다고 생각하였다.

날이 밝자 왕룽은 인부들을 감독하러 밖으로 나갔다. 한참 여기저기 감독을 하다가 그는 큰 소리로 외쳤다.

"읍내 못가의 논에 다녀오겠다. 일찍 오지는 못할 거야."

왕릉은 작은 사당이 있는 곳까지 와서 주저앉았다.

"집에 가 볼까?"

그 순간, 왕릉은 어젯밤 연화가 자기를 떠밀어낸 일이 생각났다.

홧김에 벌떡 일어나 왕릉은 곧장 집으로 달려갔다. 그는 몰래 들어와 안마당으로 들어서서 귀를 기울였다. 연화와 큰아들의 목소리가 섞여 나왔다.

왕릉의 가슴에서는 평생 동안 한 번도 느껴보지 못한 분노가 치솟아 올랐다. 연화와 큰아들이 함께 지껄이고 있다는 것이 역겨울 정도로 분하고, 무척 가슴이 아팠다.

왕릉은 이를 악물었다. 그는 대나무 회초리 하나를 꺾어 들고 방으로 들어갔으나, 연화도 큰아들도 왕릉이 들어오는 것을 모르고 있었다.

왕릉은 화가 나서 큰아들을 마구 때렸다. 키는 아들이 더 컸지만, 기운은 왕릉이 더 세었다.

연화가 달라붙으며 말리자, 왕릉은 그녀도 사정없이 때렸다.

큰아들이 피가 흐르는 몸으로 주저앉을 때까지 사정없이 매를 휘둘렀다. 그는 한참 회초리를 휘두르다 힘 빠진 목소리로 아들에게 말하였다.

"네 방에 들어가 꼼짝 말고 있어. 쫓아낼 때까지……."

왕릉은 방바닥에 털썩 주저앉아 화가 풀릴 때까지 씩씩거렸다.

연화가 말하였다.

"이 아이는 당신의 아들이에요. 나에게도 아들이나 다름없어요. 다른 오해는 마세요."

왕릉이 큰아들에게 소리쳤다.

"내일 남쪽으로 떠나거라!"

병든 오란

왕룽은 큰아들을 그의 뜻에 따라 남쪽으로 공부하러 보냈다.

큰아들이 가 버리고 나자, 왕룽은 집 안에 있는 거추장스러운 혹이 떨어져 나간 것처럼 마음이 한결 가벼워졌다.

좀더 많은 공부를 하러 떠났으니 아들을 위해서도 잘 된 일이고, 왕룽 자신에게도 더없이 홀가분한 일이었다.

이제 왕룽은 농사에 전념하며 남은 아이들만 잘 보살피면 되므로 훨씬 수월해졌다고 생각하였다.

'둘째 녀석을 일찌감치 상점으로 보내 훌륭한 장사꾼으로 키워야지.'

왕룽은 큰아들에게 당한 사춘기의 반항 따위를 둘째 아들로부터는 당하지 않으려고 생각하였다.

'큰아들은 제 어미를 닮아서 북방 사람처럼 덩치만 크지만, 둘째는 나를 닮아 작고 민첩한 편이야! 심술이 많고 날카롭지…….'

왕룽은 이런 생각을 하였다. 둘째 아들은 꼭 훌륭한 장사꾼으로 만들고 싶었다.

왕룽은 둘째 아들을 자기가 거래하는 곡물 가게에 맡기면 저울도 속이지 않을 것이라고 느꼈다.

왕룽은 곧 두견을 불러서 이야기하였다.

"우리 사돈한테 가서 내가 할 말이 있다고 전해 주게. 앞으로는 한집 안같이 지낼 사이이니 약주나 한잔 나누자고 말이야."

두견은 왕룽의 말이 떨어지기가 무섭게 다녀와서는 말하였다.

"오늘 낮이라도 좋다고 하셨어요. 직접 가셔도 좋고, 그분이 오셔도 좋다고 하셨습니다."

왕룽은 곧 옷을 갈아입고 나섰다. 대접할 것도 마땅치 않은 터라 왕룽은 자신이 찾아가는 것이 좋겠다고 생각하였다.

왕룽은 돌다리 부근에서 사람들에게 물어 유 생원의 집을 알아냈다. 그는 나무로 된 대문을 두드렸다.

대문이 열리고 하인이 나왔다.

"누구십니까?"

왕룽이 자신의 신분을 말하자, 하인은 그의 얼굴을 빤히 쳐다보며 사랑채로 안내하였다.

왕룽은 방 안을 살펴보았다.

살림살이며 가재 도구가 화려하지는 않아도 정돈이 잘 되어 있는 것을 보고 속으로 흐뭇하였다.

왕룽은 너무 부잣집에서 며느리를 들이면, 성질이 사납다거나 고분고분하지 못해서 시부모와 남편 사이를 갈라놓는다는 말을 들어 걱정을 하였으나, 이 유 생원 집 아이라면 그렇지는 않을 것 같았다.

왕룽은 유 생원이 들어오기를 조용히 기다렸다.

드디어 씩씩한 발걸음 소리가 나더니 유 생원이 들어왔다.

서로 인사를 하고 은밀히 상대방을 살펴보았다. 두 사람은 서로 좋은 사돈을 만났다는 생각에 만족한 표정을 지었다.

두 사람은 주안상이 들어오자, 하인이 따라 주는 술을 받아 마시면서 곡물 값 이야기며, 금년 농사가 풍년이 들게 될 것이라는 등의 이야기를 정답게 나누었다.

"다름이 아니라, 사돈 댁 가게에서 일을 도와줄 아이가 필요하시면 제 둘째 아이를 쓰시는 게 어떨까 합니다. 둘째 아이는 영리합니다. 필요 없으시다면 없었던 일로 하겠습니다만……."

유 생원은 그 말에 웃음을 띠며 대답하였다.

"그렇지 않아도 참하고 똑똑한 아이를 구하는 중이었습니다. 글자는 알겠지요?"

"아이들은 둘 다 필요한 만큼은 가르쳤습니다."

"그럼 됐습니다. 언제든지 보내 주십시오. 첫해는 배우는 기간이라 먹여만 주고, 다음 해부터 월급을 주겠습니다. 장사를 배우고 난 뒤에는 언제든지 장사를 시켜도 좋습니다. 우리는 이제 한집안이나 마찬가지니, 자제분이 온다면 보증금 같은 것은 받지 않겠습니다."

"고맙소, 사돈! 꾸짖어도 좋으니 바르게 가르쳐 주십시오."

"암, 여부가 있겠습니까? 걱정 마십시오!"

"우리는 남이 아닙니다. 저에게는 둘째 딸이 있는데 혹시 자제는 없으신가요?"

유 생원은 왕룽의 그 말에 크게 웃으면서 대답하였다.

"아, 있지요. 이제 열 살이라오! 아직 정해 놓은 규수는 없는데, 참한 며느릿감만 있다면 미리 정해야지요. 딸아이가 올해 몇 살인가요?"

"다음 생일이 열 살입니다. 아주 귀엽게 생겼지요."

"이러다가 우리는 겹사돈이 되겠군요!"

유 생원이 크게 웃자 왕룽도 따라 웃었다.

왕룽은 집으로 돌아오면서 생각에 잠겼다. 모든 일이 너무 순조롭게 잘 풀리는 것 같아 기분이 좋았다.

왕룽은 오늘따라 유난히 딸이 귀여워 보였다.

그런데 자세히 보니 딸이 울고 있었다.

"아니, 너 왜 울고 있니?"

"어머니가 발을 더 꼭 죄고 가죽신을 신겨 주었어요. 발이 아파서 견딜 수가 없어요."

"그래? 나는 그런 소리를 못 들었는데!"

왕룽이 대수롭지 않게 대꾸하자 딸은 뜻밖의 말을 하였다.

"어머니가 울지 못하게 해요. 아버지가 들으시면 마음이 약해져 애처롭다고 풀어 줄 것이라고 하셨어요. 이렇게 하지 않으면 아버지가 어머니를 사랑하지 않는 것처럼 저도 이 다음에 남편의 사랑을 받지 못한다고 하셨어요."

딸의 이야기를 듣자 왕룽은 가슴 한구석에 부끄러운 생각이 들었다.

왕룽은 자신과 오란의 불편한 관계를 어린것들까지도 알고 있다고 생각하니 마음이 무거워졌다.

"오늘은 내가 아주 훌륭한 네 신랑감을 구해 놓고 오는 길이란다."

딸은 아버지의 말에 고개를 푹 숙였다.

그날 밤, 왕룽은 연화 옆에 누웠으나 밤새도록 뒤척일 뿐 잠을 잘 수가 없었다. 지금까지 자신이 지내온 날들이 떠올라 오히려 정신이 말똥말똥해졌다.

그에게 있어 오란은 첫 여자였고, 또 오란이 자기를 도와서 열심히 일해 준 덕에 이만큼 부자로 살 수 있게 된 것을 깨달았다.

그런데 이렇게 첩을 두고 있으면서 아이들에게까지 원망을 받는 아버지가 된 것을 생각하니 몹시 괴로웠다.

'역시 내 마음을 알아주는 사람은 오란밖에 없구나!'

그 뒤 며칠이 지나서 왕룽은 둘째 아들을 유 생원의 가게로 보내고, 딸아이의 약혼서를 작성한 뒤 도장을 꾹 찍었다.

지참금도 결정하고, 혼인 때 쓸 옷감이며 보석 등에 관해서도 서로 두 집안의 뜻이 맞아 만족스럽게 결정이 되었다.

"이제 아이들 걱정은 덜게 되었구나. 큰딸은 양지쪽에 앉아서 헝겊조각이나 주물럭거리면 되고, 막내아들은 서당에도 보내지 않고 일찌감치 농사일이나 가르쳐야지. 학문은 큰놈이나 하면 되고, 둘째는 눈을 떴으니 제 앞가림은 하겠지!"

왕룽은 세 아들을 하나는 학자로, 하나는 상인으로, 하나는 농사꾼으로 키울 계획을 세워 놓고 보니 무척 흐뭇하고 자랑스럽게 생각되었다.

그러나 아이들의 어머니인 오란의 생각은 아무리 떨쳐 버리려고 해도 마음속에서 지워지지 않았다.

왕룽은 여태껏 생각하거나 경험하지 못한 진실된 마음으로 오란을 생각하게 되었다.

그는 정말 오랜만에 자기 자신을 되돌아보고 오란을 생각해 볼 마음의 여유가 생겼다.

"그만큼 재산을 모으고도 마누라를 들판으로 내보내는가?"

다른 사람들이 자신에게 손가락질하는 것만 같았다.

병든 오란이 방에 누워 신음하는 소리를 들은 왕룽은 그길로 읍내로 달려가 의원을 찾았다.

왕룽이 오란의 병 증세를 이야기하자 흰 수염을 드리운 의원은 네모난 안경테 속에서 올빼미 같은 눈을 이리저리 굴리면서 말하였다.

"허 참, 정말 미련하군! 어서 같이 가 봅시다."

왕룽이 의원을 데려왔을 때, 오란은 잠들어 있었다.

의원은 잠든 오란의 팔을 걷어 맥을 짚더니 고개를 흔들었다.

"비장이 붓고, 간장이 병들었소. 또 아기집에는 돌덩이 같은 것이 생겼고, 위장은 찢겨졌소. 심장은 겨우 움직이는데 그것 또한 심상치가 않은 것 같소!"

왕룽은 의원의 말을 듣는 순간 가슴이 무너지는 것 같았다.

"그럼, 고칠 방법이 없소?"

"병이 너무 많고 깊이 들었어요. 나으려면 은전 5백 냥은 들 것이오."

그러자 오란이 벌떡 일어나며 큰 소리로 외쳤다.

"안 돼요. 제 목숨은 그럴 만한 가치가 없어요. 은전 5백 냥이면 땅을

살 수 있는 돈이에요."

왕룽은 오란의 그 말에 갑자기 후회와 슬픔이 솟구쳤다.

"좋소, 어쨌든 살려만 주시오!"

왕룽은 단단히 결심한 듯 말하였다.

그러자 의원은 다시 한숨 섞인 목소리로 이야기하였다.

"아니, 안 되겠소! 이 환자는 구할 길이 없는 것 같소."

왕룽은 의원을 따라 은돈 열 냥을 쥐어 주고 나서 부엌으로 들어갔다.

그는 아무도 보지 않는 부엌 벽에 얼굴을 대고는 흐느껴 울었다.

아내와 아버지의 죽음

생명은 오란의 몸에서 그렇게 쉽게 빠져 나가지는 않았다.

오란은 이제 인생의 반을 겨우 넘긴 그런 나이였다. 그녀는 여러 달 동안 병상에 누워 있었다.

그 때서야 왕룽은 이 집안에서 오란의 역할이 얼마나 컸었는지를 깨달았다. 이제는 막내아들이 어머니 대신 할아버지의 시중을 들었다.

아버지는 이제 혼자서는 전혀 움직일 수가 없었다.

늙은 아버지와 아이들을 보살피고 챙겨줄 손이 있어야 한다는 것을 왕룽도 깨달았다. 더구나 좀 모자라는 큰딸을 이끌어 줄 사람도 있어야 하였다.

그런 일들을 모두 오란이 해 온 것인데, 오란이 여러 달 동안 누워 있었으므로 대신 해 줄 사람이 없었던 것이다.

왕룽은 그런 일을 하자니 도무지 엄두가 나지 않았다. 그는 화가 났지만 어쩔 도리가 없었다.

왕룽은 머리가 좀 모자라는 큰딸과, 늙어서 몸조차 가누지 못하고 헛소리만 하는 아버지를 비롯하여 생명이 꺼져 가는 오란을 돌보자니 힘에 겨웠다.

어둡고 긴 겨울을 오란은 침대에 누워 죽음만을 기다리고 있었다.

왕룽은 땅에 대한 일에는 전혀 마음을 쓸 겨를이 없었다. 겨울에 할 일들과 일꾼들을 감독하는 일은 진 서방에게 맡기고 그는 집안일에만 신경을 썼다.

춥고 어두운 그 겨울 밤, 왕룽은 가끔 오란의 침대 곁에 앉아 있었다. 그는 오란이 추워하면 풍로에 불을 피워 침대 옆에 놓아 주기도 하였다.

그럴 때면 오란은 언제나 꺼져 가는 힘없는 목소리로 중얼거렸다.

"그렇게 비싼 풍로를······."

오란이 늘 이런 식으로 말하자, 왕룽이 버럭 소리를 질렀다.

"그런 소리 그만 해! 당신을 낫게만 할 수 있다면 내 땅을 다 팔아서라도 고쳐 주겠소!"

그 말에 오란은 감격하여 미소를 지었다. 그리고 숨이 넘어가는 듯한 목소리로 속삭였다.

"아니에요. 그건 제가 말리겠어요······. 저는 곧 죽을 목숨이니까요. 그러나 땅은 당신과 아이들이 계속 살아가야 할 터전이에요."

왕룽은 더 이상 참고 견딜 수가 없어서 밖으로 나왔다.

왕룽은 이제 오란이 더 이상 일어날 가망이 없다는 것을 깨닫고 읍내로 가서 장의사에 들렀다.

그가 단단해 보이는 관을 고르자, 목수가 약삭빠르게 한 마디 하였다.

"이왕 사려거든 두 개를 사세요, 그러면 두 개 값에서 3분의 1을 빼 드릴 테니까요."

"아니오, 내 것은 아들들이 알아서 하겠지요!"

순간, 왕룽은 아버지 생각이 떠올라 결국 관 두 개를 마련하였다.

왕룽이 오란 곁에 앉아서 좋은 관을 마련하였다고 이야기하자, 오란은 무척 좋아하는 표정을 지었다.

그녀는 기운이 없어서 말할 기력조차 없었고, 그런 오란을 보는 왕룽 또한 아무 말도 하지 않았다.

오란은 가끔 왕룽에게 어릴 때의 이야기를 순서 없이 털어놓았다.

"저는 고기 요리를 문 앞까지만 갖다 주었어요. 너무나 못생겨서 영감님 앞까지 갈 수가 없었어요."

오란은 조금 쉬다가 다시 말을 하였다.

"저를 때리지 마세요! 접시의 음식을 다시는 섞지 않겠습니다……."

"아버지, 어머니, 우리 어머니……."

오란은 이런 말들을 되풀이하였다.

"저는 못생겼어요. 사랑받을 수 없다는 것을 잘 알아요."

그러면서 오란은 손을 잡아 달라고 왕룽에게 손을 내밀었다. 크고 단단한 오란의 손은 이미 죽은 사람처럼 뻣뻣해지고 있었다.

그런 손을 잡으면서 왕룽은 오란이 정말 불쌍하다고 생각했다.

그는 오란에게 맛있는 음식도 사다 주었다. 그러나 전혀 신이 나지 않았다. 아내에 대해 미안한 생각을 떨쳐 버릴 수가 없었기 때문이다.

오란은 이따금 정신을 잃었다가 다시 정신을 차리고는 하였다.

어느 날, 오란은 두견을 찾았다.

두견이 들어오자, 오란은 부들부들 떨면서 일어나 앉더니 아주 노골적인 말을 하였다.

"자네는 미인이라 옛날에는 영감님의 안방에 들어가 살았을지도 모르지. 그러나 나는 남편을 얻어 아내가 되었고 아들딸도 낳았어. 그런데 자네는 아직도 여전히 종살이를 하고 있구나!"

그 말을 들은 두견이 발끈하여 대꾸하려 하자, 왕룽이 달래며 밖으로 데리고 나갔다.

왕룽이 다시 방으로 들어오자, 오란은 이렇게 말하였다.

"여보! 제가 죽은 뒤 저 여자나, 그 주인 여자를 제 방으로 들어오게 하거나 제 물건을 만지게 해서는 안 돼요. 만약 저들이 제 물건에 조금이라도 손을 댄다면 저는 죽어서도 가만히 있지 않을 거예요."

오란은 말을 마치고 머리를 베개 위에 떨구며 깊은 잠에 빠졌다.

새해가 오기 하루 전 날, 오란은 조금 기운을 차리고 일어나 앉더니 머리를 곱게 빗고 나서 마실 물을 달라고 하였다.

왕룽이 물을 떠가지고 오자 오란은 말하였다.

"내일이면 설날인데, 떡도 안 하고 고기도 장만하지 않았지요? 한 가지 좋은 생각이 있어요. 제 부엌에 그 종년은 절대로 들여놓지 않겠어요. 여보, 큰며느리가 될 아이를 불러 주세요. 제가 아직 그 아이를 보지는 못하였으나, 데려오면 일을 할 수 있도록 알려주겠어요."

왕룽은 이 말이 무척 가슴에 와 닿았다. 그는 두견을 불러 유 생원에게 보내었다. 유 생원은 오란의 목숨이 얼마 남지 않은 것을 알고 즉시 딸을 보내 주었다.

"그래! 가서 시어머니 병 문안 인사 드리고, 이르시는 말씀 열심히 듣도록 하거라."

열여섯 살이 된 유 생원의 딸은 어머니와 몸종과 함께 두견을 따라 오란에게 갔다.

딸을 오란에게 인사시킨 유 생원의 부인은 딸과 몸종을 남겨 두고 집으로 돌아갔다.

왕룽은 오란의 뜻에 따라 자신과 오란의 침실로 쓰던 방을 며느리 방으로 꾸며 주었다.

며느리는 시아버지를 존경하고 자기가 할 일을 무엇인지 잘 알아서 처리하였다. 왕룽은 며느리를 무척 기특하게 여겼다.

며느리는 말씨가 예의바르고, 흠 잡을 곳이 없었다. 며느리는 오란의 방에 들어가서 시어머니 병간호를 극진하게 하였다.

그로부터 사흘 동안 오란은 매우 흡족해하더니 왕룽에게 또 한 가지 부탁을 하였다.

"제가 죽기 전에 또 한 가지 부탁이 있어요."

그러자 왕룽이 화를 내었다.

"죽겠다! 죽겠다! 제발 그 소리 좀 안 할 수 없소?"

오란은 웃으면서 천천히 말하였다.

"어쩌겠어요. 죽어가고 있는 게 사실인데……. 그렇지만 큰아이가 돌아와서 이처럼 착한 며느리와 결혼식을 하는 것을 보기 전에는 눈을 감을 수가 없을 것 같아요. 죽어가는 몸이라 그런지 큰아이가 보고 싶어요. 당신의 손자, 아버님의 증손자의 생명이 꿈틀거리는 것을 알아야 편히 눈을 감을 수 있을 것 같아요."

왕룽은 오란의 말 속에 힘이 넘쳐 있고 소망이 담겨 있다는 것을 알고 무척 기뻐하였다.

"그럽시다. 오늘 당장 사람을 보내 큰아이를 데려오리다!"

왕룽은 결혼식 준비를 서둘렀다. 음식도 장만하고 초대할 사람들에게도 알렸다.

내일이 결혼식 날인데, 그 전날 남쪽에서 공부하던 큰아들이 돌아왔다. 아들은 오란의 침대 옆에 꿇어앉으며 이렇게 말하였다.

"어머니, 사람들이 이야기하던 것보다 두 배나 좋아 보이시네요. 아마 염라대왕이 모셔 가려면 아직도 여러 해를 기다려야 할 것 같아요."

그러자 오란은 아들의 손을 잡으며 말하였다.

"그래! 네가 결혼하는 걸 보지 않고는 죽을 수가 없었어……. 결혼하는 걸 보고 죽을 거야."

드디어 결혼식이 거행되고, 많은 사람들이 두 사람의 결혼을 축하해 주었다.

신랑과 신부가 오란에게 다가와서 큰절을 올렸다.

"오냐! 이리 와 앉거라. 술을 마시고, 혼례의 쌀밥도 여기서 들도록 하거라. 내가 꼭 보고 싶구나……. 이 침대가 바로 너희들 침대가 될 것이다. 나는 곧 들려 나가게 될 테니……."

그 말에 아무도 대답을 못하였다.

"며늘아기야! 내가 아이를 낳고 살림을 해 준 것처럼 너도 그렇게 해 주면 좋겠구나……."

오란의 말이 헛돌기 시작하자 왕룽이 큰아들과 며느리를 밖으로 내보냈다. 오란은 왕룽을 한참을 바라보더니 둥근 베개에서 머리를 떨어뜨리며 숨을 거두었다.

그날 밤, 아버지도 정신이 이상해지더니 결국 얼마 후 눈을 감고 말았다.

왕룽은 같은 날 두 사람을 장사지내고 햇빛이 잘 드는 언덕에 좋은 자리를 골라서 무덤을 만들어 주었다.

물 바 다

왕룽은 아들 결혼식, 아내와 아버지의 장례식으로 눈코 뜰 사이 없이 바빴다. 그래서 농사일을 제대로 할 수가 없었다.

어느 날, 진 서방이 찾아왔다.

"이제 슬픈 일도 다 지나갔으니, 농사일에 전념해야지!"

"그렇군! 깜박 잊고 있었네!"

"전에 없던 홍수가 나지 않을까 걱정이네. 아직 여름이 멀었는데 벌써 논바닥에 물이 넘치는 걸 보니 좋지 않을 것 같네."

이 말에 왕룽은 정신이 번쩍 났다.

"나는 아직 한 번도 천신의 덕을 본 일이 없어. 향을 피워도 심술궂은 짓만 하는 천신이거든. 어쨌든 들에 나가 보세."

왕룽은 이렇게 말하면서 자리에서 일어났다.

그러나 진 서방은 겁이 많고 순진한 사람이라서 어떠한 재앙이 닥쳐도 한결같이 이렇게 말하였다.

"천명이니 하는 수 없지!"

왕룽은 이리저리 들을 거닐어 보고 진 서방의 말이 사실임을 알았다. 그가 황 부잣집에서 산 땅은 땅 속에서 솟아오르는 물 때문에 그 좋던 잎이 누렇게 병들어 보였다. 강은 바다같이 되었고, 봇도랑도 시내처럼 물이 넘쳐흘러서 작은 여울을 지으면서 흘러내렸다.

"아직 여름이 오기 전인데, 벌써 이 지경이면 올해도 또 홍수가 나겠는걸!"

왕룽은 이렇게 중얼거렸다. 아무리 모르는 사람이라도 충분히 짐작할 수 있을 정도로 상황이 안 좋았다.

왕룽은 자기의 논을 두루 살폈다. 진 서방은 왕룽을 그림자처럼 따라다니면서 이야기를 들었다.

왕룽은 진 서방과 함께 어느 논에 모를 낼 수가 있는지, 또 어느 논이 모를 내기 전에 물이 철철 넘쳐흘러들어갈 것인지 가늠해 보다가 답답한 듯이 소리를 질렀다.

"천신은 사람들이 물에 빠지고 굶어 죽는 것을 다 내려다보는 것이 재미있는 모양이지. 그 빌어먹을 천신이……."

그러자 진 서방은 벌벌 떨면서 그런 무엄한 말이 어디 있느냐고 왕룽을 나무랐다.

"그렇다고 해도 신이 아닌가? 그런 말은 삼가게나."

그러나 왕룽은 부자가 된 뒤에 훨씬 대담해져서 기분 내키는 대로 화를 내고 지껄이는 버릇이 생겼다.

드디어 왕룽이 예상한 대로 최악의 사태가 벌어졌다. 북쪽으로 흘러내리는 강물이 제방을 무너뜨렸다. 사람들은 그 제방을 고쳐 쌓기 위하여 백방으로 돈을 모았다.

그들은 그렇게 모은 돈을 지방 장관에게 전하고 제방을 높고 튼튼하게 쌓아 달라고 간청을 하였다.

그러나 지방 장관은 가난한 사람이었고, 그런 큰돈은 처음 만져 본데다가 지방 장관이라는 벼슬도 그의 아버지가 돈을 주고 사 주었기 때문에, 벼슬 자리를 이용하여 돈을 긁어모아야 한다고 생각하고 있었다.

두 번째 제방이 무너졌을 때, 백성들은 지방 장관이 약속한 대로 제방을 쌓지 않았기 때문이라고 함성을 지르며 관가로 몰려갔다.

지방 장관은 백성들이 모아 준 은돈 3천 냥을 개인적인 일에 몽땅 써 버렸으므로 사람들을 피하여 숨는 길밖에 없었다.

격노한 백성들은 동헌을 부수고 들어가서 지방 장관의 죗값으로 그의 목숨을 요구하였다.

그러자 지방 장관은 아무래도 위기를 벗어날 수가 없다고 느낀 나머지 물에 빠져 죽고 말았다. 그리하여 격노한 백성들은 일단 진정이 되었다.

그러나 써 버린 돈은 다시 돌아오지 않았고 강둑 제방은 자꾸만 터져 나갔다.

마침내 어디가 둑이었는지조차 분간할 수 없게 되고 말았다. 온 마을 안으로 물이 넘쳐흘러서 모든 전답이 바다로 변해 버렸다. 마을은 하나씩 하나씩 섬이 되고 말았다.

사람들은 집 안에 물이 가득 차자, 침대와 탁자를 한데 묶어 배처럼 띄웠다. 그리고 이불과 옷과 여자와 아이들을 실을 수 있는 데까지 싣고 헤엄쳐 나갔다. 그런데도 비는 그칠 줄 모르고 장대비로 퍼부었다.

왕룽은 언덕 위 사립문에서 날마다 밀려드는 강물을 물끄러미 바라보았다. 집은 높은 곳에 있어서 물에 잠길 염려가 없었으나, 논과 밭은 이미 물 속에 잠겨 버렸다.

왕룽은 새로 쓴 아버지와 오란의 묘가 물에 잠기지 않을까 걱정하였다. 아직은 묘가 물에 잠기지 않았으나 누런 황톳물이 묘를 삼켜 버리려는 듯 넘실거렸다.

그 해는 물난리로 수확이 전혀 없었다. 사람들은 굶주리다 못하여 겹쳐 드는 재앙을 보고 발악을 하였다.

어떤 사람들은 남쪽으로 떠나기도 하고, 어떤 사람들은 마을에서 노략질을 하기도 하였다. 또 어떤 사람들은 화적단이 되기도 하였다.

풀뿌리를 캐어 먹던 사람들이 굶주려 쓰러져 죽어, 언덕에는 날이 갈수록 시체가 늘어 갔다.

왕룽은 전에 없던 기근이 올 것이라고 예상하였다. 논밭의 물이 빠지지 않아서 겨울밀을 파종할 수 없어 이듬해에도 수확이 없게 되었다.

왕룽은 집안 사람들에게 돈과 식량을 아껴 쓰도록 일렀다.

그러나 두견은 여전히 읍내로 반찬거리를 사러 가려 해서 왕룽과 여러 차례 말다툼을 하였다.

　물이 더 불어 읍내로 들어가는 길이 물에 잠겨 버리자 왕룽은 오히려 잘 되었다고 생각하였다.

　"우리 집에 배를 대는 일은 절대로 허락하지 말아야 한다."

　왕룽은 큰 소리로 명령하듯 일렀다.

　진 서방은 두건이 아무리 졸라대도 왕룽의 허락 없이는 배를 댈 수 없다고 거절을 하였다.

　왕룽은 겨울이 되자, 물건을 사고 파는 일은 아주 사소한 것일지라도 자신의 허락을 받고 난 뒤 하라고 엄명을 내렸다. 왕룽은 날마다 필요한 식량을 며느리에게 내어 주고, 일꾼들의 양식은 진 서방이 관리하도록 맡겼다.

　그런데 가끔 연화는 남몰래 기름과 설탕을 감추어 놓고 먹었다.

　설날이 되자 왕룽의 집에서는 기른 돼지와 물고기를 잡아서 먹었다.

주위에는 굶주리는 사람들이 수없이 많았으나, 왕룽네 집은 그렇지 않았다.

방에는 아들 내외가 모르는 은화들이 많이 숨겨져 있었고, 밭 속에도 금화를 숨겨 둔 항아리가 있었다.

지난해 거둔 곡식들도 모두 저장되어 있어서 양식이 부족할 염려는 없었다. 그런 가운데 삼촌과 숙모는 맛있는 음식만 골라 먹고 빈둥빈둥 놀면서도 음식 타령만 하였다.

"왕룽에게는 아직 돈과 곡식이 많으니, 은화를 좀 내놓으라고 해요."

숙모는 삼촌에게 이렇게 졸라댔다.

"그럴 수는 없지!"

"당신이 화적단의 부두목이라는 걸 왕룽이 알고 있지 않아요!"

그 말을 우연히 엿들은 왕룽은 치가 떨렸다.

'정말, 해도 너무하는군…….'

다음 날 삼촌이 와서 어제 왕룽이 들은 대로 이야기를 하였다. 그래서 왕룽은 버럭 소리를 질렀다.

"그럼, 우리는 얼마 안 가서 굶어 죽고 맙니다."

그러자 삼촌은 빈정거리는 웃음을 지으면서 대꾸하였다.

"너는 별천지에 산다. 너보다 못한 부자들도 목이 다 달아났다는 걸 모르느냐?"

순간 왕룽은 온몸에 식은땀이 죽 흘렀다. 그는 허리춤에서 은화를 꺼내 삼촌에게 주었다.

왕룽의 큰아들은 자기 아내가 오촌의 눈에 띄지 않게 하려고 애를 썼다. 하루는 큰아들이 왕룽에게 왜 삼촌네 식구를 감싸느냐고 따졌다. 그러자 왕룽이 한 대답을 듣고 큰아들은 너무도 놀랐다.

"나도 그 세 식구를 죽이고 싶도록 미워하지만 어쩔 수가 없구나. 네 삼촌이 화적단의 부두목이니……."

진 서방이 밤에 그들을 물 속에 집어 던지자고 하였으나, 왕룽은 그 말에 찬성하지 않았다.

삼촌이 둘째 딸에게 못된 짓을 하려 하였다. 그러자 왕룽은 어린 딸을 서둘러 유 생원의 집으로 시집을 보냈다.

큰아들의 제의

둘째 딸이 떠나고 나자, 그 아이에 대한 걱정을 덜게 된 왕룽은 어느 날 삼촌에게 이야기를 하였다.

"삼촌, 이제 아버지도 돌아가시고 저에게 한 분밖에 안 계신 삼촌이 아버지처럼 생각되어 여기 좋은 담배를 좀 가지고 왔어요."

왕룽은 그러면서 아편이 담긴 그릇을 열었다. 감미로운 아편 향기가 온 방 안에 퍼졌다.

삼촌은 그 냄새를 맡더니 신이 나서 웃었다.

"오냐! 나도 예전에 아편을 조금 피워 본 적이 있지. 그러나 별로 많이 피워 보진 못했어. 너무나 비싸거든. 하지만 난 이걸 무척 좋아하지……."

"아버지께서 노환이 드셔서 밤에 깊은 잠을 주무시지 못할 때 피우시라고 조금 사 둔 거예요. 그 생각이 나서 삼촌에게 드리는 거예요."

삼촌은 왕룽이 아편을 내밀자 덥석 받아들었다. 그것은 냄새가 참 좋았다.

왕룽이 아편을 가져온 뒤, 삼촌은 파이프 하나를 사다가 아편을 피웠다. 그는 하루 종일 침대에 앉아 아편을 피웠다.

왕룽은 아이들이나 연화가 아편에 손대는 일은 엄격하게 통제하고 일절 허락하지 않았다. 아편 값이 너무 비싸다는 게 그 이유였는데, 그러면서도 삼촌에게는 마음대로 피우라고 선뜻 내준 것은 그만한 까닭이 있었다.

'돈을 주고 가정의 평화를 사야지!'

바로 그런 생각에서였다.

겨울이 지나고, 물이 빠지기 시작하면서 배를 타지 않고도 왕룽은 논밭 여기저기를 돌아다닐 수 있게 되었다.

어느 날, 큰아들이 왕룽을 따라오면서 자랑스럽게 한 마디 하였다.

"아버지, 우리 집에 곧 식구가 늘게 됩니다."

"뭐! 식구라니?"

"아버지의 손자가 태어날 것입니다."

아들의 이야기를 들은 왕룽은 발걸음을 멈추고 뒤를 돌아보았다.

"오, 그래? 참 반가운 일이로구나!"

왕룽은 크게 웃었다.

왕룽은 읍내에 가서 생선과 맛있는 음식을 사오게 한 후, 그것을 며느리에게 주면서 일렀다.

"어서 먹어라. 그래서 튼튼한 손자를 낳아 주렴!"

그 뒤 왕룽은 새로 태어날 손자 생각에 긴 봄을 짧게 보내었다.

들일로 바쁠 때에도 손자 생각을 하였고, 힘들 때에도 태어날 손자 생각을 하였다.

봄이 지나고 여름이 되었다.

홍수 때문에 마을을 떠났던 사람들이 하나 둘 돌아왔다. 그들은 물에 잠겼던 집을 다시 고쳐 짓고 지붕도 뜯어 고쳤다.

그러기 위하여 많은 사람들이 왕룽에게 돈을 꾸러 왔다. 왕룽은 땅을 담보로 잡고 돈을 빌려 주었다.

물이 빠지면서 사람들은 땅에 씨앗을 뿌렸다.

돈이 없어 논이나 소를 파는 사람들이 생겨났기 때문에 왕룽은 손쉽게 땅을 많이 살 수 있었다.

어떤 사람들은 씨앗과 소와 쟁기를 사려고 왕룽에게 딸을 팔러 오기도 하였다.

왕룽은 새로 태어날 손자와, 아들들을 위하여 종 다섯 명을 샀다. 두 명은 튼튼하고 발이 큰 열두어 살쯤 되는 아이들이었고, 두 명은 그보다 조금 어린아이들로 심부름을 할 아이였다. 나머지 하나는 연화의 몸종으로 두었다.

왕룽은 이제 집에서도 드디어 평화를 누릴 수 있을 것 같았다.

왕룽은 논과 밭을 부지런히 찾아다니며 살펴본 뒤, 씨앗을 뿌리라고 일꾼들에게 일렀다.

왕룽은 어디를 가나 막내아들을 데리고 다녔다. 막내아들에게는 자신의 뒤를 이어 농토를 지키게 할 계획이었다.

그러나 그것은 왕룽의 생각이었고, 막내아들의 뜻과는 아무 관계가 없는 일이었다. 그가 아들의 의견을 들어본 적도 없고, 자기 생각을 아들에게 이야기해 준 것도 아니었다. 왕룽은 자기의 뜻에 따라 막내아들이 말없이 따라다니는 것을 보고 매우 흐뭇하게 여길 뿐이었다.

'나는 이제 젊지 않다. 밭에서 일할 일꾼이 따로 있고, 아들과 며느리도 있다. 이제는 직접 내 손으로 밭에서 일을 하지 않아도 된다.'

그런데 왕룽은 집에 들어오면 마음이 편하지 않았다.

돈도 많고 종들도 늘고 먹을 것도 넉넉하였으나, 가정은 역시 편안하지가 않았다.

그것은 삼촌의 아들과 큰아들 때문이었다. 삼촌의 아들에 대한 큰아들의 증오가 크고, 삼촌 아들의 성품이 사나워 언제나 걱정거리였다. 둘은 서로 감시하듯 노려보며 찻집을 드나들었다. 삼촌의 아들은 여자 종들과 나쁜 짓을 하는 것 같았다.

연화는 먹는 것과 마시는 술밖에는 아무런 관심이 없어진 지 오래되었다. 그래서 몸도 무척 퉁퉁해지고, 왕룽이 가까이 가도 거들떠보려고도 하지 않았다. 왕룽이 바깥일이 바빠서 찾아오는 날이 뜸해진 것을 오히려 좋아하는 눈치였다.

큰아들은 왕룽과 막냇동생이 돌아오자 한쪽 구석으로 데려갔다.

"아버지, 오촌 아저씨는 단추도 잠그지 않은 채 여기저기 기웃거리고 여자 종들에게 눈독을 들이고 다니니 어쩌면 좋겠습니까?"

왕룽은 큰아들의 말이 마치 저 안에 있는 아버지의 여자까지 기웃거리고 다닌다는 것처럼 들렸다.

"아버지, 우리가 이 집을 떠나면 어떨까요? 읍내에 가서 살아도 되지 않습니까? 시골에 처박혀 살지 않아도 되지 않습니까? 이 집은 그 식구들에게 주고 말입니다."

왕룽은 큰아들의 이야기를 들으며 쓴웃음을 지었다.

"안 돼! 이건 내 집이야!"

왕룽은 딱 잘라 말하면서 탁자에 앉아 담뱃대를 끌어당겼다.

"너희들이 여기서 살건 말건 그건 상관없다. 여기는 내 집이고 내 땅이다. 이 땅과 집이 아니었다면 우리는 벌써 굶어 죽었을 것이다. 너를 농부의 아들보다 좀더 근사하게 만들어 준 것도 이 집과 땅이다."

왕룽은 말을 마치고 나서 발자국 소리를 크게 내면서 거칠게 움직였다. 그는 큰아들을 자랑스럽게 여기면서도 한편으로는 실망스러웠다.

그러나 큰아들은 쉽게 단념할 수가 없었다. 아버지의 뒤를 따라다니며 열심히 설득을 하였다.

"읍내에 황 부잣집이라는 오래된 집이 있잖아요. 그 안채를 세내거나 사서 살면 되지 않습니까?"

큰아들은 말을 하면서 눈물까지 짜내며 아버지에게 슬픈 표정을 보이려고 애를 썼다.

아들의 표정을 본 왕룽의 마음도 조금씩 움직였다. 그 큰 집으로 기어들어가던 옛날 일이 생각나서 마음이 흔들렸다.

평생을 두고 수치스럽던 그 기억을 결코 잊을 수가 없었다. 그래서 큰아들이 그 집에 들어가 살자는 말을 하자 귀가 번쩍 뜨인 것이었다.

'아! 나는 그 큰마님이 의자에 앉은 채 나에게 종에게 하듯 명령을 내리던 그 자리에 앉을 수 있다. 내가 이제는 그 의자에서 누군가를 불러 세워 놓고 명령할 수가 있다!'

어느 날, 왕룽은 읍내 곡물 가게에 갔다가 성장한 둘째 아들에게 물어보았다.

"얘야, 네 형은 황 부잣집을 사서 거기에서 살자고 하더구나. 네 생각은 어떠니?"

"그것 참 훌륭한 생각입니다. 저도 좋고요. 장가들어 아내를 그 곳에 둘 수 있지 않습니까?"

왕룽은 둘째의 결혼 문제를 까맣게 잊고 있었던 것을 비로소 깨달았다.

"오냐! 너는 어떤 아내를 얻고 싶으냐?"

"저는 시골 아가씨로, 친척이 없는 가난한 여자를 얻고 싶습니다."

그 말을 들은 왕룽은 새삼 고개를 끄덕였다.

왕룽은 황 부잣집으로 걸어갔다. 그러면서 그 집에 대한 여러 가지 생각을 해보았다.

왕룽은 안내하는 늙은 여자를 따라 안채로 들어갔다. 모든 것이 옛 모습 그대로였고, 큰 마님이 앉아 있던 의자도 있었다.

왕룽은 그 의자에 다가가 앉으며 말하였다.

"이 집을 몽땅 빌리고 싶소!"

첫 손 자

왕룽은 나이가 들수록 점점 게을러져, 어떤 일이든 마음먹은 대로 쉽게 해치우는 기력이 줄어들었다. 그렇게도 일을 좋아하던 그가 이제는 아무 하는 일도 없이 빈둥거리며 노는 날이 많아졌다.

낮에 논밭을 한 바퀴 둘러보고 들어와서는 낮잠 자는 일에 재미를 붙였다. 그리하여 이사하는 것도 큰아들에게 모두 맡겼다.

드디어 이사하는 날이 되었다.

왕룽은 맨 먼저 연화와 두견, 그에 딸린 종들과 살림을 옮기게 하였다.

　그런데 왕룽은 한꺼번에 이사를 하지 않고 조금씩 조금씩 옮겼다. 그리고 자신과 막내아들은 그 곳에 남았다.

　정작 모두 옮기고 나니, 자기가 나서 자라고 살림을 키운 정든 터전을 떠나기가 쉽지 않았다. 그는 함께 가자고 재촉하는 식구들에게 말하였다.

　"내가 거처할 방을 하나 따로 마련해 두거라. 가고 싶을 때면 언제든지 가겠다."

　"같이 가시지요."

　그러나 왕룽은 끝내 버텼다.

　"저 가엾은 애를 보니 더 망설여지는구나. 어딜 가든 내가 데리고 있어야 하니까. 그렇지 않으면 저 애가 밥을 먹었는지 굶었는지 누가 알겠니?"

　이 말은 왕룽이 며느리에게 알아서 보살펴 주라고 하는 말이었다. 며느리는 지나치게 성격이 괴팍하고 결벽증이 있어서 그 불쌍한 바보 시누이를 돌보려 하지 않았던 것이다.

　더구나 아이를 갖고 난 후부터는 바보를 보면 뱃속 아이에게 나쁘다며 아예 거들떠보려고도 하지 않았고, 아예 눈앞에 얼씬거리지도 못하게 하였다.

　아들은 아내의 눈치만 살필 뿐, 아무 말도 하지 못하였다.

　왕룽도 자신의 말이 좀 지나쳤다 싶은지 큰 소리로 다른 이야기를 하였다.

　"둘째 며느릿감을 구하면 곧 가겠다. 진 서방을 내세워 둘째 며느리를 구할 작정이다. 그러기 위해서라도 나는 여기 좀더 머물러야 할 것 같다."

그 말에 큰아들 내외는 더 이상 권하지 않았다.

그리하여 집에는 왕룽과 막내아들, 바보인 큰딸, 그리고 삼촌 식구와 진 서방을 비롯한 일꾼들이 남았다.

삼촌은 연화가 거처하던 방으로 옮겨갔으나, 왕룽은 아무 상관도 하지 않았다.

삼촌도 앞으로 오래 살 것 같지 않았고, 이만큼 했으면 삼촌이 죽더라도 왕룽으로서는 도리를 다한 것이 되므로, 그 때 가서 숙모와 사촌을 내쫓아 버려도 아무도 탓할 사람이 없을 것이라고 생각되었다.

왕룽은 막내아들과 바보 딸을 데리고 안채에서 지냈고, 진 서방은 일꾼들과 함께 바깥채에 기거했다.

막내아들은 워낙 말이 없고, 아버지를 가까이하려 하지 않았다.

왕룽은 입을 봉해 버린 것 같은 아들의 마음이나 성품을 알 길이 없어 무척 답답하였다.

그는 며칠 후, 진 서방을 불렀다.

"여보게! 자네가 우리 둘째 며느릿감 좀 골라 보게나. 그 아이 말로는, 시골 아가씨로 친척이 없는 가난한 사람이면 좋겠다고 하더군."

진 서방은 이제 너무 늙어서 갈대와 같이 마르고 여위었다. 그러나 아직도 끈기가 남아 있었으며, 주인에 대한 충성심이 강해서 일을 시키면 꼬박꼬박 말없이 잘하였다.

왕룽은 진 서방에게 쟁기를 잡지 못하게 하고 괭이도 들지 못하게 말렸지만, 일꾼들을 감독하거나 곡식의 무게를 저울에 달 때에는 직접 일을 하지 않을 수 없었다.

진 서방은 왕룽의 이야기를 들은 뒤 두루마기를 입고 마을마다 돌아다니며 젊은 처녀들을 알아보았다. 그리하여 마침내 참한 처녀를 찾아내었다.

"내가 젊기만 하면 당장 장가들고 싶은 참한 색시가 있더군. 성품도 좋고 몸도 튼튼하고 인물도 좋더군! 흠잡을 데가 없어. 흠이 있다면 잘 웃는 것이 흠일까? 그 아버지도 혼인이 이루어졌으면 좋겠다고 하더군."

"어디 사는 누구인가?"

"여기서 서쪽으로 세 마을 지나서 사는 큰 지주라네."

왕룽은 진 서방의 말만 듣고 그 자리에서 허락을 하였다. 왕룽은 약혼서에 도장을 찍은 후에야 한시름을 놓았다.

"이제 막내 녀석 하나만 남았구나! 그러면 나도 좀 한가해지겠는걸."

왕룽은 마음이 무척 가벼워졌다.

모든 절차가 끝나고 잔칫날까지 정해 놓은 뒤, 왕룽은 할 일이 없어서 양지쪽에 앉아 조는 일이 많았다.

왕룽은 이제 진 서방도 늙고 막내아들은 아직 농사를 맡기기에는 어려서, 먼 곳에 있는 땅은 농민들에게 빌려 주기로 하였다.

그 소문을 듣고 여러 사람들이 찾아와 서로 땅을 빌려 달라고 사정을 하였다.

왕룽은 소작인들을 정하였다.

"땅에서 나는 소출의 절반은 내가 갖고, 절반은 당신들이 갖는 조건이오. 그 대신 나는 쌓아 둔 퇴비와 콩깻묵과 참깻묵을 조금씩 나누어 주겠소!"

그러면서 첫해 농사의 수확 때까지 먹을 양식을 대어 주기로 하였다.

농지를 감독할 일이 없어진 왕룽은 가끔 읍내로 들어가서 자기 몫으로 비워 둔 방에서 자는 게 일이었다.

그러나 날이 밝기가 무섭게 달려나왔다.

별로 할 일은 없어도 자기 땅을 밟고 흙 냄새를 맡으면 그렇게 좋을 수가 없었다.

　자애로운 하느님은 왕룽을 곱게 보았는지 그의 마음을 더욱 편하게 해 주려는 모양이었다. 그토록 사납게 굴던 삼촌의 아들도 이제는 한 풀 꺾여서 할 일 없이 빈둥대고 있었다.

　그러던 어느 날, 그가 북쪽에서 전쟁이 터졌다는 소문을 왕룽에게 전하였다.

　"북쪽에서 전쟁이 터졌답니다. 그러니 구경도 하고 무슨 수를 찾아보아야겠어요. 군복과 총을 살 돈만 주면 곧 달려가겠습니다."

　이 말을 들은 왕룽은 속으로 기뻐서 어쩔 줄을 모르면서도 겉으로는 냉엄한 표정을 지으며 반대를 하였다.

　"너는 삼촌의 하나밖에 없는 외아들이 아니냐! 만일 전쟁터에서 무슨 일이라도 생기면 어떻게 하려고?"

　"바보가 아닌 다음에야 위험한 곳으로 굳이 가겠습니까? 싸울 때는 피하겠어요. 집에서 하는 일 없이 놀고 있으려니 재미가 없어요. 낯선 곳에 가서 구경이라도 좀 하고 싶어요."

　왕룽은 못 이기는 체하면서 돈을 내주었다.

　'잘 됐군, 이참에 집안의 거머리를 떼낼 수 있겠어.'

　그러나 왕룽은 또다른 생각도 하였다.

　'내 운수가 트인다면 그는 전쟁터에서 죽을지도 모르지. 아무래도 전쟁터로 나가면 죽기가 쉬우니까…….'

　왕룽은 이런 생각을 하면서 속으로는 매우 기분이 좋았으나 겉으로는 전혀 내색을 하지 않았다.

　숙모가 눈물을 흘리며 말리자, 왕룽은 다른 때보다 더 많은 아편을 넣어 주면서 위로하였다.

　"그 아이는 곧 장수가 되어 이름을 떨치고 돌아올 거예요. 그러면 숙

모님께 큰 효자요, 우리 집안에는 다시없는 영광이 될 것입니다."

그 뒤로 왕룽의 집은 매우 평화로웠다.

읍내에 있는 큰며느리가 손자를 낳을 날이 가까워졌다. 그럴수록 왕룽은 손자가 보고 싶어 읍내에 머무는 날이 많아졌다.

한때 황 부잣집 식구들이 살던 그 집에서 지금은 왕룽이 첩과 아들 내외를 거느리고 살고 있으며, 곧 손자까지 보게 되었으니 왕룽으로서는 무척 감회가 새로웠다.

그는 마음과 기분이 한껏 좋아지면서 돈 쓰는 일이 하나도 아깝지 않았다.

큰아들의 친구들을 초대하고, 집안 세간도 비싼 것으로 바꾸었다. 음식도 점차 풍성해졌다.

그러자 두견이 이렇게 말하였다.

"옛날 황 부잣집 영감님이 있을 때와 꼭 같아지네요. 그 때와 비슷해지고 있어요. 다만 제 몸만 늙고 시들어서 영감님께 소용없게 된 것만 다를 뿐이에요."

왕룽은 두견이 자기를 영감님이라고 부르는 것이 매우 흡족하였다.

손자가 태어나기를 기다리던 왕룽은 문득 오란의 생각이 떠올랐다.

오란이 혼자서 아이를 낳던 일이며, 젖이 남아서 철철 넘치던 일들이 생각났다.

'좀더 오래 살았으면, 이런 때 잘 해 줄 텐데…….'

그 때 아이들이 달려와 기쁜 소식을 전하였다.

"아버지, 손자가 태어났어요. 곧 유모를 구해야겠어요. 산모가 아이에게 젖을 먹이느라고 몸이 축날 것 같아요."

그 때 읍내에서는 아이를 낳으면 거의 다 유모를 따로 들이는 풍습이 있었다.

"제 아이에게 제 젖을 먹일 수 없다면 할 수 없지."

왕룽은 까닭 없이 슬퍼졌다.

손자와 손녀들

왕룽의 큰아들은 아이가 태어난 지 한 달이 되던 날, 아이의 외갓집 식구들과 동네 사람들을 초대하여 큰 잔치를 베풀었다.

그리고 조상의 위패를 만들어 모시고, 이 집안도 이제는 3대가 함께 사는 큰 부자라는 것을 조상에게 알렸다.

왕룽은 그 때부터 읍내 집을 나서는 일이 거의 없었다. 그런 가운데 친형처럼 믿고 의지하던 진 서방이 세상을 떠났다.

왕룽은 바보 딸을 옆에 두고 의자에 앉아 한가롭게 담배를 피웠다.

그 많은 땅은 소작인들이 농사를 짓고 소출은 반씩 나누어 가져오니 왕룽은 아무런 걱정이 없었다.

큰아들만 아니면 만사가 태평할 텐데 그게 못마땅하였다. 큰아들은 지금의 살림에 만족하지 못하고 언제나 더 큰 것만을 바라는 것이었다.

"아버지, 아직도 우리에게 필요한 것들이 이것저것 많아요. 동생 장가들일 날도 반 년밖에 남지 않았고요. 손님들이 와서 앉을 의자도 부족해요. 그리고 식탁도 바꾸어야 해요. 동생이 아이를 낳으면 저 바깥채도 우리가 써야 합니다."

왕룽은 멋진 옷을 입고 이야기하는 큰아들을 바라보다가 볼멘소리로 말하였다.

"그래! 그래서 뭐가 어쨌다는 거냐?"

"집안 가구도 바꾸고, 바깥채도 다 써야 할 형편이라는 것이지요."

"흥, 말은 잘하는구나! 하지만 땅은 내 것이야. 너는 네 손으로 한 번도 거들어 주지 않았다."

"아버지, 저더러 학자가 되었으면 하고 바란 것은 아버지였어요. 그런데 아버지는 저와 제 처에게 농사꾼이 되라고 하시는군요."

큰아들은 툭 내쏘듯 말하며 돌아서서 허리를 꼿꼿이 세운 채 안뜰로 들어갔다. 그 모습을 보니 구부러진 소나무에 머리를 부딪칠 것만 같았다. 왕룽은 큰아들이 다칠까 봐 급히 불렀다.

"얘야, 네 마음대로 하거라! 그런 일로 더 이상 나를 귀찮게 하지 말고……."

그 순간, 아들이 큰 소리로 대답하였다.

"고맙습니다, 아버지!"

큰아들은 곧장 달려나갔다. 아버지의 생각이 다시 바뀌기 전에 일을 서둘러야 했기 때문이다.

큰아들은 손으로 조각하여 만든 예쁜 탁자와 의자들을 들여놓고, 검붉은 비단 휘장도 둘러쳤다. 그리고 크고 작은 화분들도 여러 개 갖추어 놓았다.

읍내 사람들은 왕룽의 큰아들이 하는 일을 일일이 지켜보며 입방아의 화제로 삼았다. 사람들은 황 부잣집에는 이제 왕룽이 살고 있으므로 왕 대갓집 또는 왕 부잣집이라고 불렀다.

왕룽은 안마당에 앉아서 담배만 뻐끔뻐끔 피우면서 큰아들이 필요하다고 요구하는 돈을 내주었다.

어디다 얼마나 쓰는지 묻지도 않았다. 돈은 추수 때마다 계속 들어오기 때문에, 큰아들이 달라는 대로 술술 내주어도 줄어드는 것 같지도 않았다.

어느 날, 둘째 아들이 보다못하여 왕룽에게 말하였다.

"아버지! 그렇게 계속해서 돈을 물 쓰듯이 쓰실 작정입니까? 우리가 궁전같이 꾸며 놓고 살 필요가 있나요? 그런 돈으로 이자 놀이를 하면 큰돈을 벌 수 있어요. 열매도 피우지 않는 연꽃 같은 것을 가꾸어서 무엇에 쓰려고 그러십니까?"

왕룽은 둘째 아들의 이야기를 듣고 나서 곰곰이 생각에 잠겼다.

'이 아이들이 필시 싸울 것 같구나! 그러면 시끄러워지겠는걸!'

왕룽은 잠자코 둘째 아들을 바라보다가 이렇게 말하였다.

"애야, 집을 치장하는 건 네 결혼식 때문이란다."

"아버지, 그건 허영심이에요! 결혼식 준비를 위해서 그렇게 많은 돈을 물 쓰듯 할 필요가 없습니다. 결혼식 준비한다고 신부 지참금의 열 배도 넘는 돈을 쓴다는 건 말이 안 됩니다."

왕룽은 둘째 아들이 매우 다부지다고 다시 생각하였다. 그의 주장이 나오기 시작하면 쉽게 꺾을 수 없다는 것을 왕룽은 잘 알고 있었다.

"알았다! 이젠 더 이상 네 형에게 돈을 주지 않겠다."

그날 저녁, 왕룽은 큰아들을 불러서 말하였다.

"애야! 집 치장은 그만하면 된 것 같다. 우리는 역시 촌사람이다. 촌사람답게 살아야 해!"

"그렇지 않아요. 읍내 사람들은 우리를 왕 대갓집 또는 왕 부잣집이라고 불러요. 그런 이름에 걸맞게 살아야 대우를 받습니다."

"아무리 왕 대갓집이라고 하여도 땅이 있는 한, 우리는 농사꾼이다. 농사꾼은 땅에서 뿌리를 내리는 법이니까……."

그러자 큰아들은 한술 더 떠서 말하였다.

"그럼요. 그러니 여기서 머물지 말고 가지도 치고, 뿌리도 뻗고, 열매도 맺어야지요!"

왕룽은 그런 큰아들의 말이 듣기 싫었다.

"내 말은 이제부터 돈을 너무 물 쓰듯 쓰지 말라는 것이다!"

왕룽은 큰아들이 어서 방으로 들어갔으면 하는 눈치를 보였다.

아들도 이번만큼은 왕룽의 뜻대로 물러서고 싶었다. 이제 꾸며 놓고 싶은 만큼 꾸며 놓았으니까, 좀더 살면서 다시 생각해 볼 작정이었다.

큰아들은 그렇게 생각하고 나서 아버지에게 한 마디 하였다.

"아버지, 또 하나 드릴 말씀이 있는데요. 저나 제 아들 이야기가 아니라, 막냇동생의 문제입니다."

"그만 해 둬!"

왕룽은 딱 잘라 큰아들의 말을 막았으나, 아들은 계속 자기의 뜻을 굽히지 않고 말하였다.

"막내나 아버지를 위해서라도 그 아이를 가르쳐야 합니다. 너무 무식하게 자라고 있어요."

왕룽은 그 말에 넋 나간 사람처럼 아들을 물끄러미 바라보기만 하였다. 자신의 가슴을 콕 찌르는 말이었기 때문이다. 그 동안 큰아들은 물론, 그 누구에게도 그런 이야기를 들어 본 적이 없었다.

그는 화가 잔뜩 난 음성으로 말하였다.

"이 집에는 뱃속 가득히 문자를 집어넣은 놈이 더 이상 필요 없다. 둘이면 충분해! 내가 죽으면 막내가 나를 대신해서 이 땅을 관리하게 될 것이다!"

"맞아요! 그래서 그 아이는 밤마다 아버지 모르게 울고 있어요. 그래서 저렇게 비쩍 마른 거예요."

큰아들의 말에 왕룽은 찔끔하였다.

사실 왕룽은 막내아들에게 장차 무엇을 하고 싶으냐고 물어본 일도 없이 자기 생각대로 농사꾼을 만들고 있었던 것이다.

그는 조용히 생각해 보았다.

막내아들은 큰아들이나 둘째 아들과는 전혀 닮지 않았다. 오란처럼 말도 없었다. 너무 조용해서 아무도 그 아이에게 관심을 두지 않았다.

"얘야! 막내가 그런 소리를 너에게 하더냐?"

"아버지께서 직접 물어보십시오!"

큰아들의 대답은 너무도 단호하였다.

"그럼, 어쩌냐? 우리 땅은 누가 관리를 하지?"

왕룽의 목소리는 거의 사정하는 것처럼 들렸다.

"아버지 신분쯤 되시면 노예와 같은 그런 아들은 필요가 없어요. 다들 아버지는 왕족처럼 살면서 아들을 촌놈 바보로 키우고 있다고 할 것입니다."

왕룽은 화가 난 표정으로 막내아들을 불렀다.

막내아들은 왕룽의 집에서는 둘째 딸 다음으로 잘생긴 얼굴을 갖고 있었다. 왕룽은 그런 막내아들을 한참 바라보다가 입을 열었다.

"너도 글을 배우고 싶으냐?"

막내아들은 그 말을 애타게 기다리기라도 한 것처럼 반가운 목소리로 대답하였다.

"예!"

"그럼, 농사일을 하기 싫다는 것이냐? 그러면 내 아들 가운데 땅을 지킬 사람이 아무도 없는데……."

그러나 막내아들은 아무 대답도 하지 않았다.

"왜 대답이 없느냐? 농사일 하는 게 정말 싫은 게냐?"

"예!"

막내아들의 대답은 짧고 분명하였다.

"고얀 놈! 썩 나가거라!"

왕룽은 소리를 버럭 질렀다.

막내아들은 아무 대답도 없이 나가 버렸다.

왕룽은 담배를 몇 대 연거푸 피우더니 큰아들에게 일렀다.

"애야! 가정교사를 붙여서라도 저 애에게 글을 가르치거라!"

왕룽은 둘째 아들에게 땅에서 나오는 소출을 맡겼다.

둘째 아들은 신이 났다. 앞으로의 수입은 우선 자기 손으로 다 들어오고 지출도 일단 자기 손을 거쳐야 하였기 때문이다.

둘째 아들의 결혼식이 거행되었다.

둘째 아들은 자기 손으로 결혼식 음식이며 손님 접대까지 다 하고, 축의금으로 들어온 돈을 잘 챙겨 하인들에게도 선물을 나누어 주었다.

그런 둘째를 보고는 큰아들은 부끄러움을 느꼈다. 큰아들은 쩨쩨한 구두쇠라고 소문이 났다. 그런데도 큰아들은 동생의 아내가 질그릇같이 촌스럽다며 깔보고 있었다.

둘째 며느리까지 한집에 살게 되면서 왕룽은 더욱 행복함을 느꼈다.

그런 가운데 둘째 며느리가 첫딸을 낳았다.

그 뒤 5년 사이에 왕룽은 손자 넷, 손녀 셋을 둔 대가족을 거느리게 되었다.

군 사 들

아편을 계속 피워대던 삼촌이 세상을 떠나자, 왕룽은 가족 모두에게 상복을 입게 하고 장례를 치렀다.

그는 삼촌의 무덤을 아버지 무덤 조금 아래쪽에 마련하고, 자기가 죽으면 묻힐 곳도 정해 놓았다.

왕룽은 한평생 여기저기서 전쟁이 있다는 이야기를 들어 왔으나, 그가 젊었을 때 남쪽 도시에서 겪은 정도 외에는 전쟁을 가까이 접해 본 경험이 없었다.

왕룽에게 전쟁이라는 것은 하늘과 땅, 혹은 물과 같은 것인지 알 수 없으나, 끊임없이 일어나고 있다는 것은 알고 있었다.

왕룽은 가끔 전쟁터로 나간다는 사람을 보았다. 어떤 사람은 먹을 것이 없어서 전쟁터로 나갔고, 또 사촌처럼 집에 있어도 아무런 재미가 없어서 신기한 모험을 찾아 나가는 사람도 있었다.

전쟁은 언제나 먼 곳에서 일어나는 것이었는데, 갑자기 하늘에서 이는 바람처럼 가까이 다가왔다.

어느 날, 둘째 아들이 점심을 먹으러 들어와서 하는 이야기를 들었다.

"남쪽에서 일어났던 전쟁이 이 곳까지 올라오고 있어요. 우리는 곡물을 팔지 말고 잘 쌓아 두었다가 정말 전쟁이 터져 곡식 값이 제일 비쌀 때 팔기로 해요."

"애야, 그것 참 희한한 일이구나! 평생 이야기만 들었지 실제로 전쟁을 본 적은 없단다. 그럼, 이번에는 전쟁 구경을 할 수 있겠구나!"

왕룽은 그러면서 젊었을 때 군사로 뽑혀 나갈까 봐 몹시 겁을 집어먹었던 일들을 기억하였다. 그러나 지금은 나이도 많고 호기심도 없어져서 별생각이 없었다.

"그래, 곡식은 네 마음대로 알아서 하려무나."

왕룽은 손자들과 어울려 놀기도 하고, 낮잠을 자기도 하였다.

이른 여름 어느 날, 서쪽에서 벌떼 같은 군사들이 몰려왔다.

어린 손자가, 회색 옷을 입은 사람들의 긴 행렬을 보고 뛰어들어오며 밖을 내다보고 있는 왕룽에게 큰 소리로 이야기하였다.

"할아버지, 저것 봐요!"

손자에게 끌리다시피 대문 밖으로 나선 왕룽은 거리가 비좁을 정도로 꽉 차서 행진해 오는 군사들의 우렁찬 구둣발 소리를 들으며 얼떨떨해졌다.

가까이 가서 보니 모두 총 끝에 칼을 꽂았고, 얼굴들은 하나같이 무지막지하고 사납게 생겼다.

왕룽은 험상궂은 군사들을 보고는 황급히 손자를 끌어안았다.

"얼른 가서 대문을 걸어 잠그자!"

그런데 그 순간, 군사 하나가 왕룽을 향하여 큰 소리로 말을 하였다.

"형님 아닙니까?"

귀에 익숙한 그 목소리는 바로 삼촌의 아들이었다. 그는 너털웃음을 웃으며 다른 군사들에게 말하였다.

"쉬어 가세! 이 부잣집이 바로 내 사촌 집일세!"

그러자 군사들이 삽시간에 왕룽의 집 안으로 들어와서 마루며 여기저기에 걸터앉고 드러눕고 하였다. 그들은 어디든지 닥치는 대로 만져 보고 침을 뱉으며 거리낌없이 떠들어대었다.

왕룽은 어쩔 줄 몰라서 큰아들 방으로 들어갔다.

큰아들 또한 갑자기 들이닥친 오촌 때문에 속으로 끙끙 앓고 있었다.

"잘 오셨어요."

큰아들은 웃으면서 말하였다.

"그래, 잘 있었니? 친구들을 좀 데리고 왔단다!"

"잘하셨어요. 갈 길이 멀 텐데, 점심이라도 얼른 차려야겠군요."

"아니다. 바쁠 건 없단다. 우리는 전쟁이 있을 때까지 며칠이고, 아니 몇 달이고 간에 여기서 쉴 거니까……."

그 말을 들은 왕룽 부자는 낭패한 기색을 감출 수가 없었다. 그러나 총과 칼을 보고는 억지로 웃음을 지었다.

"그렇게 하세요. 싸워서 이기려면 충분히 쉬어야 할 테니까요."

큰아들은 점심 준비를 하러 가는 것처럼 하면서 왕룽의 손을 끌어당겼다. 그리고는 중문을 걸어 잠그고 나서, 어찌할 줄을 모른 채 서로 얼

굴만 바라보았다.

그 때 둘째 아들이 달려와서 숨을 헐떡거리며 중문을 두드렸다.

"읍내에도 군사가 꽉 찼어요. 가난한 집에까지도 군사들이 모두 들어 갔어요. 대항하지 말라고 알리려고 뛰어왔어요. 우리 가게 점원이 그러는데, 자기 집에 들어와 병들어 앓고 있는 어머니 방까지 차지하자 언짢게 말을 했다가 칼에 찔렸대요. 그러니 무엇이든 그들의 요구대로 따라 주고, 얼른 다른 곳으로 이동하기를 바랄 수밖에 없어요."

왕룽 3부자는 침통한 얼굴로 서로 바라보면서 그 이리같이 굶주린 사나운 군사들로부터 어떻게 여자들을 보호할 수 있을까 걱정을 하였다.

그런 가운데서도 큰아들은 예쁘고 현숙한 자신의 아내를 제일 걱정하며 이런저런 제안을 내놓았다.

"여자들을 모두 구석진 골방에 넣어서 밤낮으로 지키고, 뒤쪽에 있는 피난 문을 열어 두기로 합시다."

그들은 그렇게 할 수밖에 없었다.

그래서 지금까지 연화와 두견이 있던 제일 안채에 여자들과 아이들을 모두 데려다 놓고, 그 곳에서만 지내도록 주의를 주었다.

그리고는 밖에서 왕룽과 큰아들이 밤낮으로 지키고, 둘째 아들도 틈나는 대로 와서 상황을 살폈다.

그런데 삼촌의 아들은 막을 수가 없었다. 그는 집 안의 구석구석을 잘 알고 있었고 시퍼런 칼까지 뽑아 들고 다니면서 겁을 주었다. 그는 닥치는 대로 여자들을 희롱하였다.

왕룽의 큰며느리를 보고는 야비한 웃음을 띠며 이렇게 말하였다.

"우리 조카며느리는 너무 예뻐! 발이 연꽃 봉오리처럼 작고 귀엽게 생겼군! 하지만 너무 새침해서, 차디찬 맛도 멋도 없는 생선토막 같구만!"

둘째 며느리를 보고도 가만히 있지 않았다.

"오, 이건 시골 밭에서 갓 뽑은 소담스런 홍당무로군! 먹음직스러운 붉은 고깃덩어리 같아!"

큰며느리는 그렇게 말하는 오촌이 무섭기도 하고 역겹기도 해서 얼굴을 가렸으나, 둘째 며느리는 워낙 성격이 서글서글하고 활달해서 거리낌없이 대꾸하였다.

이번에는 연화에게 말을 걸었다.

"마나님, 부잣집 마나님이라 잘 먹어서 그런지 살이 피둥피둥하군요. 배가 북산만 하고……."

그러나 연화는 자기를 마나님이라고 부르는 삼촌의 아들이 싫지 않았다. 마나님이라는 말은 부잣집 영감의 정부인에게만 붙이는 칭호였기 때문이다.

삼촌의 아들은 숙모가 잠들어 있는 방으로 갔으나, 숙모는 자기 아들이 온 것도 모르고 쿨쿨 잠만 자고 있었다.

그는 총부리로 머리맡을 탕탕 울리면서 잠든 어머니를 깨웠다. 그러나 숙모는 아들을 물끄러미 바라보기만 하였다.

"아니, 아들이 왔는데도 그렇게 잠만 주무십니까?"

"오냐! 내 아들이 왔구나!"

그리고는 다시 멀뚱멀뚱 아들을 쳐다보았다.

그러자 옆에 있던 왕룽의 큰아들이 말하였다.

"아편을 조금씩만 드시면 좋을 텐데, 날마다 닷 돈 정도씩 드십니다. 너무 많은 양이라서……."

삼촌의 아들은 총을 들고 밖으로 나갔다.

그 때 두견이 좋은 생각을 내놓았다.

"한 가지밖에 방법이 없어요. 그에게 몸종 하나를 붙여 줍시다. 그러면 다른 여자에게 손을 대지 않을 거예요."

그래서 그에게 어느 종이 마음에 드느냐고 물었더니, 마나님 침대에서 지내는 작고 얼굴이 하얀 여자아이가 좋다고 하였다. 그 아이는 이화라는 연화의 몸종이었다.

그런데 이화는 사촌의 아들을 너무 무서워해서 막무가내로 가지 않으려 했다. 연화는 빨리 내보내려 했으나 이화는 몸을 달달 떨며 측은해하는 왕룽에게 통사정을 하였다. 그러자 왕룽도 다른 계집종을 찾기로 했다. 그래서 다른 몸종을 찾고 있을 때, 스무 살이 거의 다 된 건강한 여자 종이 얼굴을 붉히며 말하였다.

"저라도 좋다면 제가 가겠어요. 세상에는 그보다 훨씬 더 사나운 남자들도 많으니까요."

왕룽은 마음이 놓이는지 온화한 표정으로 말을 하였다.

"그래! 그럼, 가 보거라!"

두견은 그 종을 데리고 나갔다.

이화 편을 든 왕룽에게 화가 난 연화가 이화에게 화풀이를 할까 싶어 왕룽은 이화를 보고 이렇게 일렀다.

"얘야, 마님의 화가 풀릴 때까지 며칠 숨어 있거라. 또 그녀석 눈에 띄어서도 안 돼. 계속해서 너를 내놓으라고 할지 모르니까……."

삼촌의 아들은 한 달 반 가량이나 왕룽의 집에 머물면서 그 여자 종을 가까이하였다. 그러는 사이에 몸종은 아이를 가졌고, 전쟁이 터져서 군사들은 모두 싸움터로 달려나갔다.

삼촌의 아들은 어머니에게 이런 말을 남기고 떠났다.

"저는 어머니 손자를 남겨 두고 떠납니다. 제 자식을 잘 키워 주시기 바랍니다."

집안의 불화

군사들이 물러간 다음, 왕룽의 두 아들은 지나가 버린 것들은 찌꺼기와 흔적을 모두 깔끔히 씻어 없애야 한다는 데 의견을 같이하였다.

그래서 목수며 석수들을 불러 망가진 가구들을 모두 고치고 부서진 조각들도 감쪽같이 고쳤다. 일꾼들을 풀어 연못이며 집 안팎도 말끔히 청소를 하였다. 연못에 금붕어와 잉어도 다시 사다 넣었고, 부러진 꽃나무 가지들도 손질해 주었다.

그러자 1년 만에 다시 깨끗하고 훌륭한 저택이 되었다.

아이들은 저마다 자기들의 거처로 들어가고 모든 질서가 잡혔다.

왕룽은 삼촌 아들의 아이를 가진 종에게 숙모가 살아 있을 때까지 시중을 들도록 해 주었다. 숙모는 이제 정말 얼마 더 살지 못할 것 같았다. 그래서 숙모가 죽으면 입관하라는 지시도 그 종에게 내렸다.

어느 날, 그 종은 딸을 낳았다.

왕룽에게는 다행스러운 일이었다. 만일 사내아이를 낳았다면 콧대가 높아져서 가족의 한 사람으로 대우해 달라고 주장했을 텐데, 그렇지 않은 것이 다행이었다. 비록 이 집안의 아이를 낳았을지라도 역시 종의 신분을 벗어날 수는 없었다.

왕룽은 누구에게나 그렇듯이 이 종에게도 공평하게 대하여 주었다.

숙모가 죽으면 그 방에서 지내도 좋다고 허락하였다. 방이 예순 개가 되는 엄청난 저택이라서, 방 하나 침대 하나가 문제될 것이 없었다.

왕룽은 그 종에게도 은화를 조금 나누어 주었다. 종은 은화를 받으면서 무척 기뻐하였다.

"주인 어른! 저는 지금 이 돈을 지참금으로 해서 착한 농부나 가난한 사람에게 시집가고 싶어요. 허락해 주시면 고맙겠습니다."

왕룽은 그렇게 해 주겠다고 약속을 하였다. 약속을 하고 보니까 어떤 감회가 떠오르는 것 같았다. 바로 그것이었다.

종에게 가난한 사람을 하나 얻어 주겠다고 약속하고 있는 자신도 한때 아내를 얻으려고 바로 안마당에 들어섰던 그런 사람이었던 것이다.

반평생 동안 왕룽은 오란을 생각한 적이 없었다. 그런데 이제 오란을 생각하니 새삼 슬픔이 밀려왔다. 비통한 슬픔이라기보다는, 무거운 추억으로 남는 옛날의 회상이었다. 왕룽은 이제 오란과 너무 멀리 떨어져 있었다.

그는 무겁게 가라앉은 목소리로 이야기하였다.

"그래! 저 늙은 아편꾼이 죽으면 남자를 하나 얻어 주지. 오래 가지는 않을 거야!"

그로부터 며칠 뒤에 그 종이 왕룽에게 달려와서 말하였다.

"주인 어른, 약속을 지켜 주세요. 오늘 새벽 노인은 눈도 뜨지 않은 채 세상을 떠났습니다. 제가 입관을 마쳤습니다."

왕룽은 지금 자기 땅에서 일하고 있는 일꾼 가운데 한 사나이를 골랐다. 그는 뻐드렁니가 일제히 아랫입술을 덮은 사나이였다.

"누구 못지않게 성실한 젊은이야! 그 젊은이가 안성맞춤이야!"

왕룽은 중얼거리며 일꾼을 불러오라고 일렀다.

그 사나이가 왕룽 앞으로 오자, 왕룽은 여자 종을 불러 나란히 세워놓고 말을 하였다.

"이봐라! 여기 있는 이 여자가 어떠냐? 네가 원한다면 아내로 삼아도 좋다. 내 삼촌의 아들밖에 몰랐던 착한 여자다!"

사나이는 고마운 마음으로 여자를 맞아들였다.

여자는 건강하였고, 성품이 좋았다. 사나이는 너무 가난하여 그런 여자가 아니라면 장가도 못 들 처지였다.

왕룽은 미소를 지었다. 이제 주변도 많이 정리되고 자신의 인생도 거의 완결된 것 같은 기분이 들었다. 이 세상에서 그가 해 보겠다고 말한 일들을 이제는 하나도 남김없이 다 해 보았다.

그가 할 수 있으리라고는 꿈조차 꾸지 못한 그런 일들을 해냈는데, 어떻게 그럴 수 있었는지 그 자신도 알 수 없었다. 이제는 정말 평화롭게 양지쪽에 누워 잠이 들어도 좋을 것 같다는 생각이 들었다.

이제 그의 나이 예순다섯 살, 손자들도 죽순처럼 곧고 바르게 쑥쑥 자라고 있었다.

큰아들이 낳은 손자 셋 가운데 큰놈의 나이가 벌써 열 살이나 되었다. 그리고 보니 장가를 보내야 할 막내아들이 생각났다. 그 아이만 짝지어 주면 이제 이 세상에서 할 일은 다 끝나는 것 같았다.

"그럼, 평화롭게 살 수 있겠지!"

하지만 평화는 오지 않았다.

군사들이 밀려왔던 흔적은 거친 벌떼들이 할퀴고 지나간 것처럼, 여러 곳에 독침을 남겨 놓았다.

처음에 한마당에서 같이 살 때만 하여도 서로 예의를 깍듯이 지키던 큰며느리와 둘째 며느리가 이제는 서로 원수처럼 으르렁거렸다. 고양이나 개처럼 서로 다투며 자라는 아이들의 사소한 문제 때문에 어머니들이 자주 말다툼을 하게 되면서 서로 원수 같은 마음이 싹튼 것이다.

두 며느리는 저마다 자기 아이들 편을 들었다. 그녀들은 어떤 싸움에서나 자기 아이들이 옳다고 우기면서 조카들을 야단쳤다.

더구나 삼촌의 아들이 시골 출신인 둘째 며느리를 칭찬하고 큰며느리를 비웃은 이후, 그건 결코 용납할 수 없는 사건이 되고 말았다.

큰며느리가 둘째 며느리 곁을 지나갈 때면 언제나 머리를 꼿꼿이 세웠고, 둘째 며느리가 지나가면 큰며느리는 큰 소리로 남편한테 말하였다.

"가족 가운데 뻔뻔스럽고 버릇없이 자란 여자가 있다는 것은 견디기 어렵군요. 남자가 자기를 붉은 고깃덩어리 같다고 하는데도 그 남자 앞에서 웃고만 있으니 말이에요."

그러면 둘째 며느리는 지체없이 받아쳤다.

"이젠 형님이 질투를 하시네요. 남자가 차가운 생선 토막이라고 불러서 그런가요!"

큰며느리는 자신이 예의가 바르다고 늘 으스댔다. 그녀는 자기 아이들에게도 이렇게 일렀다.

"상스럽게 자란 애들과 놀지 말아라!"

그러면 둘째 며느리는 이렇게 받아쳤다.

"뱀과 놀면 못써요. 뱀에 물린다니까. 절대로 같이 놀지 말아라."

결국 두 며느리는 서로 앙숙이 되었다.

큰아들은 자기보다 출신이 좋은 집안에서 태어나 도시에서 자란 아내의 눈에 자기의 출신 성분과 가문이 얕잡힐까 봐 늘 전전긍긍하였다.

둘째 아들은 형제가 재산을 나누어 갖기 전에 형의 낭비벽과 명예욕 때문에 재산이 자꾸 줄어드는 것이 못마땅하였다.

거기에다 큰아들은 동생이 아버지의 재산 내용에 대하여 속속들이 알고 있고, 모든 돈이 동생의 손을 거쳐 들어오고 나간다는 것에 대하여 굴욕감을 느꼈다.

두 며느리가 서로 미워하게 되니까 그 여파가 남자들에게까지 미쳐서 집안에 온통 노기가 서렸다.

왕룽은 그런 일로 집안이 하루도 편안하지 못한 것이 속상하였지만, 별다른 해결 방법이 떠오르지 않았다.

왕룽은 연화의 몸종 이화를 삼촌의 아들로부터 보호해 준 뒤, 연화와도 갈등이 생겼다.

이화가 연화의 눈 밖에 나면서부터 이화는 노예처럼 지냈다. 연화는 이화를 질투하였고, 왕룽이 들어오면 밖으로 내보냈다. 그리고 왕룽이 조금이라도 이화를 바라보면 마구 화를 내었다.

안 그래도 여자들로 인하여 집안이 시끄러운데, 이번에는 막내아들이 말썽을 일으켰다.

"아버지, 저는 군인이 되겠어요!"

막내는 느닷없이 왕룽에게 이렇게 말하였다.

"무, 무슨 소리냐?"

왕룽은 너무 놀라서 말도 제대로 나오지 않았다.

"저는 갈 겁니다, 군대로!"

"그건 안 된다! 장가를 보내 주마."

"여자 같은 걸로 절 묶어 두실 생각은 하지 마세요. 여자라면 어디건 있어요!"

그때 갑자기 뭔가 생각난 듯이 그 당당하던 기세를 꺾고 막내가 말하였다.

"글쎄요. 안방에 있는 분에게 붙어 있는 작고 얼굴이 흰 예쁜 계집종이라면 또……."

그 순간 왕룽은 이상한 질투심이 생겼다.

"종들에게는 손을 대지 말아라! 내 집에서 아들들이 타락하는 걸 두고 볼 수는 없다."

"아버지는 그런 말씀 할 자격이 없습니다."

막내아들은 이렇게 쏘아붙이고는 밖으로 나가 버렸다.

왕룽은 혼자 중얼거렸다.

"정말, 내 집 어느 구석에도 마음 편히 지낼 수가 없구나!"

이 화

왕룽은 막내아들이 이화를 마음에 두고 있다는 이야기를 들은 뒤, 이화의 거동을 눈여겨보기 시작하였다. 그는 자기도 모르는 사이에 머릿속이 이화 생각으로 꽉 차 있는 것을 발견하였다. 그러나 그런 내색을 할 수는 없었다.

왕룽은 초여름 밤, 혼자서 뜰에 앉아 조용히 생각에 잠겼다. 젊은 시절과 같이 뜨거운 피가 꿈틀거리는 것 같았다.

왕룽은 신과 버선을 벗고 맨발로 흙을 밟아 보고 싶은 충동을 느꼈다. 그러나 그것도 마음대로 할 수가 없는 노릇이었다.

이제 왕룽은 한 사람의 농부가 아니라 읍내에서도 큰소리치며 사는 대지주이고, 큰부자였으므로 맨발로 거닌다면 다른 사람들이 비웃을 것이었다.

그는 뜰 안에서만 서성거렸을 뿐, 연화 가까이에는 가지 않았다. 그리고 티격태격 싸움만 하는 두 며느리도 보기가 싫었고, 여느 때 같으면 즐겁게 뛰어 놀 손자들도 그 날만은 귀찮고 성가시게 느껴져서 혼자서 뜰을 거닐었다.

그 날은 해가 유난히도 긴 것 같고, 마음은 끝없이 적적하였다. 왕룽의 몸 안에서는 끊임없이 피가 들끓었다. 왕룽은 오직 막내아들 생각뿐이었다.

큰 키에 늠름해 보이는 얼굴, 짙은 눈썹의 막내아들과, 곱고 예쁘장한 이화의 모습이 떠올랐다.

'그들은 나이도 비슷할 게야. 그 아이도 이제 열여덟 살이지. 이화도 열여덟을 넘기지는 않았을 테고……'

왕룽은 자신이 곧 일흔 살이 된다고 생각하자 몹시 착잡해졌다.

'막내아들에게 이화를 주는 것이 마땅하다!'

왕룽은 이렇게 생각하였으나, 아픈 상처를 칼로 찌르는 것처럼 마음이 괴로웠다.

적적하고도 긴 하루해가 지고 밤이 되었다.

어둠은 깔렸는데, 마음을 터놓고 이야기할 사람이 집안에는 아무도 없었다. 그것이 그는 무척 서운하였다.

중문 옆 나무 아래에 앉아 있는데, 이화가 지나가는 것이 보였다.

"이화야!"

왕룽은 나직한 목소리로 불렀다. 이화는 발걸음을 멈추고 왕룽을 바라보며,

"예!"

하고 대답하였다.

"이리 오너라."

이화는 조심스럽게 왕룽에게 다가갔다. 어둠이 짙어 이화의 모습이 뚜렷하게 보이지는 않았으나 체온은 느낄 수 있었다.

"이화야, 너는 내 딸이지?"

그리고는 잠시 말을 끊었다.

이화는 왕룽이 흥분하고 있다는 것을 눈치채고 왕룽의 발밑에 쪼그리고 앉아서 그의 발목에 매달렸다.

"애야, 나는 너무 늙은 노인이야!"

이화는 왕룽의 말에 잔잔한 목소리로 말하였다.

"저는 노인이 더 좋아요. 노인들은 친절하거든요."

왕룽은 몸을 약간 굽히면서 물었다.

"너처럼 젊은 여자는 키가 크고 잘생긴 청년에게 시집가는 것이 옳다! 특히 너처럼 에쁜 아이는!"

왕룽은 막내아들을 떠올리며 말하였으나, 그저 키 큰 청년이라고 둘러대며 이야기를 하였다.

이화는 그 말에 서슴없이 대답하였다.

"젊은이는 친절하지 않고 무섭기만 해요."

왕룽은 이화의 그 말이 사랑스러워 견딜 수가 없었다.

그는 이화를 종으로 생각하지 않고 딸처럼 여겼다. 그래서 가끔 자기 방으로 불렀다.

그러던 어느 날, 이화가 왕룽의 방에서 나오는 것을 두견이 보았다. 두견이 펄쩍 뛰면서 연화에게 이야기하겠다고 나서자, 왕룽은 두견을 달래었다.

"두견아, 그건 안 돼!"

"어차피 알게 될 텐데요, 뭐!"

두견은 결국 그 일을 연화에게 알렸다.

왕룽은 펄펄 뛰는 연화를 달래기 위하여 그녀가 바라던 것을 모두 들어 주기로 하였다. 오래 전부터 소원이었던 외국에서 들여온 시계와 보석 반지를 연화에게 사 주었다.

그 뒤로 연화는 투정을 부리지 않았다.

'나는 이 집 주인이다. 내 돈을 주고 산 종을 내 마음대로 하는데, 무슨 잔소리가 많은가?'

왕룽은 이렇게 생각하였으나, 역시 떳떳한 일은 아니라고 느꼈다.

저녁때 집으로 들어온 둘째 아들은 올해 농사를 걱정하였다.

"올해는 여름 가뭄이 심해서 소출이 다른 해의 3분의 1도 채 안 될 것 같아요.

"그렇게 걱정하지 않아도 된다. 네가 비싼 이자로 내준 돈들이 여기 저기 많지 않으냐. 또 저축해 둔 곡식도 많고 은화도 넉넉하다."

둘째 아들은 왕룽의 이야기를 들으면서도 방 안을 이리저리 살폈다. 무슨 소문을 들어서 알고 싶어하는 것같이 느껴졌다.

왕룽은 침실에 숨어 있는 이화를 불러내었다.

"애야, 차를 가져오너라! 둘째 아들이 왔다."

이화는 고운 얼굴을 복숭아꽃처럼 붉히며 고개를 푹 숙이고 사뿐사뿐 걸어 나왔다.

둘째 아들은 그런 이화를 보면서 지금까지의 소문을 믿지 않은 것처럼 눈을 크게 떴다. 그러나 둘째 아들은 계속해서 왕룽에게 땅과 농사에 대한 이야기만 할 뿐, 다른 말은 꺼내지 않았다.

"몇몇 소작인은 농사에 신경을 쓰지 않고 아편만 빨아대고 있어요. 올 가을에는 전부 갈아치워야겠어요."

"그렇게 하거라! 참, 아이들은 잘 크느냐?"

"잘 크고 있어요. 한 놈이 백일해에 걸려 좀 고생을 하고 있지만, 곧 나을 거예요."

둘째 아들은 소문을 자기 눈으로 확인했으므로 아무 말 없이 차를 마시고 나가 버렸다. 왕룽은 둘째 아들이 처음부터 어렵거나 까다롭게 느껴지지 않았다.

그날 낮에는 큰아들이 찾아왔다.

왕룽은 키가 크고 풍채가 늠름하여 위엄이 있어 보이는 큰아들을 보고는 기가 질려서 이화를 바로 불러내지 못하고 한동안 담배만 피웠다.

큰아들은 일부러 점잔을 빼며 정중한 말투로 왕룽의 안부를 물었다.

"그래, 크게 걱정할 것 없다."

왕룽은 가볍게 대답하였다. 허우대는 멀쩡하나 양반 태생으로 보이지 않을까 늘 전전긍긍하는 큰아들의 성품을 너무 잘 아는 왕룽은 마음놓고 침착한 목소리로 이화를 불렀다.

"애야, 차를 가져오너라. 큰아들이 왔구나!"

큰아들은 차를 마시면서 거북한 소리로 입을 열었다.

"역시 소문이 맞았군요. 아버지는 부자니까 마음대로 하실 수 있겠지요. 남자는 언제까지나 한 여자만으로는 만족하지 못하는가 봐요."

큰아들은 더 이상 말을 하지 않았다. 그리고는 잠시 후에 밖으로 나가 버렸다.

막내아들은 밤에 찾아왔다.

왕룽은 촛불을 켜 놓고 앉아 담배를 피웠으며, 이화는 왕룽의 무릎에 손을 얹고 앉아 있었다.

막내아들은 왕룽과 이화를 물끄러미 바라보며 말하였다.

"아버지, 저는 군인이 되겠어요."

왕룽이 아무 대답도 하지 않고 담배만 계속 피우자, 막내아들은 연거푸 군인이 되겠다는 말만 하고는 시선을 돌려 이화를 뚫어지게 바라보았다.

이화는 그의 시선과 마주치자, 자지러지게 놀라며 두 손으로 얼굴을 가렸다.

그 순간 막내아들은 아무 말 없이 방을 뛰쳐나갔다.

왕룽의 얼굴에는 어느덧 슬픔이 깃들였다. 그는 슬픈 어조로 말하였다.

"이화야, 나는 너무 늙었다. 너도 잘 알지? 나는 늙은이야……."

왕룽은 이화가 한 번도 들어본 적이 없는 다정한 목소리로 이야기하였다.

"젊은 남자들은 잔인해요. 저는 영감님이 제일 좋아요."

다음 날 아침, 왕룽의 막내아들은 집을 나가 버렸다.

그가 어디로 갔는지는 아무도 몰랐다.

대 지

　뜨거운 여름의 열기가 사라지듯, 왕룽과 이화의 사랑도 그리 길게 지속되지는 못하였다. 타오르는 불길도 잠시일 뿐, 왕룽은 갑자기 밀려든 노년의 냉기를 감당하지 못하고 늙어 버렸다.

　그러나 이화를 귀여워하는 마음은 여전하였다. 이화가 자기 방에 함께 있는 것만으로도 위안이 되었다. 이화는 어린 나이답지 않게 정성과 사랑, 친절로 왕룽을 섬겼다.

　그것은 아무 조건도 없는 진정한 친절이었다.

　이화에 대한 왕룽의 사랑은 점점 아버지가 딸을 지극히 사랑하는 그런 것으로 변하여 갔다.

　이화는 왕룽에게뿐만 아니라, 바보 딸에게도 친절을 아끼지 않았다.

　'내가 죽으면 불쌍한 우리 바보 딸은 어찌 될까?'

　왕룽은 그것이 걱정이었다. 이 집에서는 아무도 바보 딸에게 신경을 쓰지 않았기 때문이다.

　그래서 왕룽은 자기가 죽어 갈 때쯤, 바보 딸에게도 독약을 먹이려고 생각해 두었다. 그는 자기가 죽는 일보다도 바보 딸에게 독약을 먹이는 일이 더 괴로울 것이라는 생각을 하였다. 그런데 이화가 저토록 충실한 것을 보자, 마음이 놓였다.

　어느 날, 왕룽은 이화에게 말하였다.

　"이화야! 내가 이 세상을 떠나면 이 바보 딸을 너한테 맡길 수밖에 없구나. 내가 죽더라도 이 아이는 더 살 것이야. 머릿속이 텅 비어 있으니 속상한 일이나 괴로운 일이 많을 게야. 내가 죽으면 저 아이가 길거리로 쫓겨날지도 모르지. 저 불쌍한 것은 여태껏 제 어미와 내가 돌봐 왔단다. 이 꾸러미 속에는 저 아이를 지켜 줄 것이 들어 있단다.

내가 죽거든 저 아이가 먹는 밥에다 이것을 섞어 먹게 하거라. 그러면 저 아이도 나를 따라올 것이니……."

그러자 이화는 목을 움츠리며 말하였다.

"저는 벌레 한 마리도 죽일 수가 없어요. 어찌 사람의 목숨을 끊게 할 수 있겠습니까? 영감님, 아니에요. 차라리 아가씨를 제가 보살피겠어요. 영감님이 제게 너무 잘해 주셨어요. 이렇게 친절한 분은 이 세상에 오직 한 분밖에 안 계십니다."

"그러나 이화야, 받아 두거라. 이 세상에서 내가 믿고 있는 사람은 오직 너뿐이다. 너도 언젠가는 시집을 갈 테고, 그러면 아무도 없어. 며느리들은 아이들을 기르느라, 또 서로 싸우느라 무척 바쁘거든. 내 아들들에게 그런 것은 생각할 수도 없고……."

이화는 왕룽의 마음을 알아차렸기에 아무 말 하지 않고 독약을 받아 들었다.

왕룽은 그제서야 비로소 바보 딸에 대한 걱정을 덜 수 있었다.

왕룽은 점점 노년의 생활 속으로 빠져들었다.

그 후로는 안마당에서 이화와 바보 딸이 함께 지내는 날이 많아졌다. 왕룽은 이따금 조금씩 기운이 돌아올 때마다 이화를 바라보며 하소연하듯 이야기를 하였다.

"너에게는 너무나 조용한 생활이겠구나!"

그러면 이화는 고마운 마음으로 대답하였다.

"조용하고 안전해요."

"내가 너에게는 너무 늙었지."

"아니에요. 저한테 너무 잘해 주셨어요. 어느 남자에게도 이 이상은 바라지 못할 거예요."

왕룽은 늘 궁금해하던 것을 물어보았다.

"이화야! 예전에 무슨 일이 있었기에 그토록 남자를 두려워하느냐?"

그러자 이화는 금세 공포에 질린 듯 파랗게 질려서는 이렇게 속삭였다.

"영감님 빼고 저는 모든 남자들을 미워해요. 저를 팔아 버린 아버지도 미워요. 전 남자들이 나쁘다는 소리만 들어 왔어요. 그래서 남자들 모두를 증오해요."

"이화야, 우리 집에 온 뒤로는 조용하고 편하게 살지 않았느냐?"

"아니에요. 사실 저는 싫어서 못 견뎌했어요. 모든 사람들이 다 미워요. 더구나 젊은 남자는 정말 싫어요."

이화는 더 이상 아무 말도 하지 않았다.

왕룽도 더 이상 묻지 않았다.

연화와 두견이 그 동안 이화에게 남자에 대한 몹쓸 이야기만 해 주어서 그럴 거라고 생각하였다.

왕룽은 지금 자신의 모습이 아버지가 죽어갈 때의 모습과 거의 같을 것이라고 스스로 생각하였다.

왕룽은 하루하루 더 기운이 없어지고, 양지쪽만 찾았다.

왕룽은 최근에 태어난 손자를 안아 보기도 하고, 여러 가지 집안일들을 거듭 물어보기도 하였다. 나이가 들면서부터 무엇이든지 곧잘 잊어버리곤 하기 때문이었다.

"애야, 내 손자가 이제 몇이나 되느냐?"

"손자가 열한 명, 손녀가 여덟 명이에요."

"그래! 저 놈은 할아버지를 닮았고, 저 녀석은 제 할머니를 닮았구나. 이 녀석은 내가 어릴 때와 너무나 같구나……."

왕룽은 그러다가 다시 물었다.

"너희들, 학교에 다니느냐?"

"예, 할아버지!"

손자들은 합창하듯 대답하였다.

"너희는 사서를 배우느냐?"

그러자 손자들은 깔깔깔 웃고 나서 대답하였다.

"아니에요, 할아버지! 혁명 후에는 아무도 사서를 배우지 않아요."

"참, 혁명이 일어났다고 했지. 나는 평생 동안 너무나 바빠서 혁명 같은 데 가담할 수가 없었지. 언제나 땅을 돌보아야 했으니까."

손자들은 또 낄낄낄 웃었다. 손자들에게는 왕룽이 할아버지라기보다는 낯선 손님이나 마찬가지였다.

그 뒤, 손자들은 다시는 왕룽 곁에 오지 않았다.

어느 날, 왕룽은 두견에게 물었다.

"세월도 많이 흘렀는데, 며느리들은 화해를 하고 지내느냐?"

두견은 땅바닥에 침을 퉤퉤 뱉으며 말하였다.

"서로 노려보는 두 고양이처럼 평화롭지요. 큰아들은 이러쿵저러쿵하는 마누라의 잔소리에 질려 첩을 둔다는 소문이 있어요. 찻집에 드나들고 있어요."

"그래?"

왕룽은 찬바람이 불어오면서 느끼던 어깨의 통증이 봄바람에 실려 어디론가 사라지는 것 같았다.

"우리 막내아들은 어디 있을까? 소식이라도 들은 사람이 없더냐?"

"인편에 들었는데 남쪽에서 장교가 되었다고 하더군요. 혁명이 일어난 곳에서 꽤 높은 사람이 되었나 봐요."

"그래?"

왕룽은 짧게 대답하고 나더니 생각에 잠겼다.

해가 바뀌자 왕룽은 이제 관을 준비해야겠다는 생각이 들어 큰아들에게 일렀다. 왕룽은 큰아들이 사 온 관을 자기 방에 들여놓고 날마다 바라보았다.

왕룽은 이화를 불러 아들들의 소식을 물었다.

"큰아들은 읍내에서 지체 높은 자리를 차지하고 첩까지 두었어요. 둘째 아들은 큰 곡물 가게를 차렸고요."

어느 날, 두 아들이 찾아와 땅을 팔아서 똑같이 나누어 갖겠다고 이야기하자, 왕룽은 큰 소리로 야단을 쳤다.

"뭐가 어째? 이 게으름뱅이들아! 땅을 판다고? 그건 안 돼! 그럼 우리 집안은 끝장이다! 땅을 팔아먹기 시작한다면 말이다."

그리고 다시 말을 이었다.

"우리는 땅에서 나왔고 땅으로 돌아가야만 해. 너희들이 땅을 간직하고 있으면 자손 대대로 번창하면서 살 수 있다. 아무도 땅을 빼앗아 갈 수는 없으니까……. 땅을 팔면 그것으로 끝장이다!"

왕룽은 크게 화를 내었다.

두 아들은 양쪽에서 왕룽의 팔을 하나씩 꼭 껴안았다.

왕룽은 따뜻한 흙을 한줌 꼭 쥐었다.

왕룽을 달래려고 큰아들과 둘째 아들은 번갈아 가면서 말하였다.

"아버지, 걱정하지 마세요. 땅은 팔지 않을 것입니다."

그리고 나서 왕룽의 머리 뒤에서 두 아들은 서로 마주 보며 싱긋 웃었다.

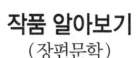

작품 알아보기
(장편문학)

〈대지〉는 펄 벅이 중국 난징에서 집필한 작품으로, 1931년 발표되었다.

이 작품은 《대지의 집》이라 부르는 연작 장편 가운데 첫 작품이다. 《대지의 집》은 빈농의 자식으로 태어난 왕룽이 재산을 모아 대지주가 되는 왕룽 일가의 역사를 그린 대작이다. 나머지 두 작품은 〈아들들〉과 〈분열된 가정〉이다.

왕룽은 대지주 황 부잣집의 노예 오란을 아내로 맞아, 피나는 노력과 근검 · 절약으로 새로 토지를 사들이고 풍족한 생활을 누려간다.

그러나 홍수와 가뭄 등 거듭되는 천재지변으로 굶주림을 견디다 못해, 가족을 거느리고 남쪽 지방으로 이주한다. 그 곳에서 동냥질을 하며 지내던 중 폭동이 일어나고, 그 와중에 왕룽과 오란은 군중들과 함께 부잣집으로 몰려 들어갔다가 엄청난 금화와 보석을 얻게 된다.

이를 바탕으로 마침내 왕룽은 대지주가 되지만, 생활에 여유가 생기자 연화를 첩으로 맞이하고, 오랫동안 고생한 아내 오란을 구박한다.

이리하여 오란은 큰아들의 결혼을 만족하게 지켜본 후, 파란

작품 알아보기
(장편문학)

많던 생을 마감하고 왕릉의 인생도 황혼으로 접어든다.

작가는 이 작품에서 격동하는 근대 중국의 역사를 배경으로 척박하고 광대한 땅에서 생활하는 중국 농민의 잡초처럼 끈질긴 모습을 그렸다. 그리하여 당시로서는 드물게 중국 역사를 배경으로 중국인들의 삶을 다룬 소설로 높이 평가되었다.

〈대지〉는 발표되자마자 높은 인기를 얻어 펄 벅은 1932년 퓰리처 상을 받았으며, 1938년 노벨 문학상을 받는 영광을 안았다.

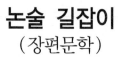

논술 길잡이
(장편문학)

❶ 다음 그림은 왕룽과 오란이 밭에서 일을 하다가 쉬는 장면
이다. 이들 부부가 빈농에서 풍요로운 가정으로 발전할 수
있었던 배경과 주요인을 써 보자.(남쪽으로 이주하기 전)

논술 길잡이
(장편문학)

❷ 왕룽의 아내 오란은 인내심이 강하고 헌신적이며, 애처로울
  만큼 자기 희생적인 여성의 본보기이다. 그녀의 두드러진
  삶의 자세를 몇 가지로 요약하여 써 보자.

....

....

....

....

❸ 헌신적이었던 아내를 구박하고 연화를 첩으로 맞아들인 왕
  룽을 비판하는 글을 써 보자.

....

....

....

....

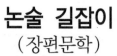

논술 길잡이
(장편문학)

❹ 다음 등장 인물들의 말과 행동을 통하여 각자의 성격을 파악해 보고, 그 근거를 찾아 써 보자.

등장 인물	성격	근거(말이나 행동)
왕룽의 삼촌		
눙 언 (왕룽의 큰아들)		
눙 원 (왕룽의 둘째아들)		
연 화		

논술 길잡이
(장편문학)

❺ 왕룽 일가가 고향의 집과 땅을 버리고 남쪽으로 이주하게
된 원인과, 그로 인한 삶의 변천에 대해 써 보자.

....

....

....

....

❻ 왕룽이 어려운 상황에서도 아버지를 극진히 모시는 모습을
보고 느낀 점을 오늘날의 우리 현실과 비교하여 써 보자.

....

....

....

....

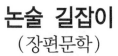

논술 길잡이
(장편문학)

❼ 다음은 왕룽이 만년에, 땅을 팔자고 찾아온 두 아들에게 한 말이다. 글을 읽고 왕룽의 땅에 대한 애착에 대해 어떻게 생각하는지 자신의 의견을 써 보자.

> 뭐가 어째? 이 게으름뱅이들아! 땅을 판다고? 그건 안 돼! 우리는 땅에서 나왔고 땅으로 돌아가야만 해. 너희들이 땅을 간직하고 있으면 자손 대대로 번창하면서 살 수 있다. 아무도 땅을 빼앗아 갈 수는 없으니까……. 땅을 팔면 그것으로 끝장이다!

논·술·세·계·대·표·문·학 〈전60권〉

펴 낸 이   정재상
펴 낸 곳   훈민출판사
주   소   경기도 고양시 덕양구 원당동 416번지
대 표 전 화 (031)962-3888
팩   스   (031)962-9998
출 판 등 록 제395-2003-000042호